ひとり分 やる気1% レンジごはん

主菜・副菜・デザートまで

神速レシピ500

ハマごはん

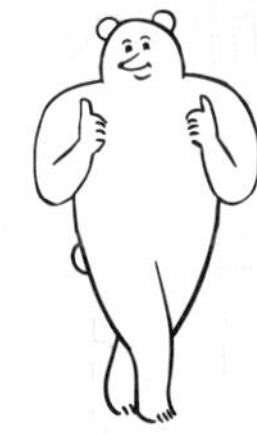

KADOKAWA

失敗知らずの
最強ずぼら飯

レンジごはんのココがスゴイ!

レンジで麻婆豆腐（P19）

ココがスゴイ! 1

調理はチンするだけ!

耐熱容器に材料を入れてチン!
この単純作業で、ゆでる、煮る、
蒸す、炒めるなどの
あらゆる調理法を網羅できます。
面倒な工程や難しいことは
何もないので、料理が苦手な方や
ビギナーさんでも安心!

ココがスゴイ! 2

時短になる!

レンジは食材の水分を利用して効率よく
熱を通すので、本来はじっくり作る
煮込みなども短時間で完成!
洗い物も少なく、料理にかかる時間を
大幅に短縮できます。
特に少量の材料なら加熱時間も
短くて済むから、ひとり分のごはんを
作るのに向いています。

ローストビーフ（P28）

ココがスゴイ! 3

うまみや栄養を逃さない!

レンジ加熱は食材が持つ水分やうまみを引き出し、最小限の水分や調味料でおいしく仕上がります。栄養素の中には水に溶けやすいものもありますが、ゆでずにレンジ調理をすれば、栄養も極力逃さずに摂取!また、炒め油が不要なので火を使う料理よりもヘルシーです。

レンジでロールキャベツ（P20）

ココがスゴイ! 4

ほったらかしでOK!

火を使う料理はつきっきりになりますが、レンジ調理は加熱中ほったらかしにできるのがいいところ。スイッチを押したらレンジに任せて、その場を離れてOK。加熱の間に他の料理を作ったり、家事をしたりできるので忙しい方でも料理の負担が軽くなります。

ミートソースパスタ（P22）

めちゃ簡単♪

コレさえ覚えておけば大丈夫!

レンジ調理の基本

STEP 1

材料を切る

まずは使用する食材を切ります。
野菜はなるべく大きさを揃えると
加熱ムラが防げます。
加熱時間が変わってくるので、
レシピ通りの切り方で作りましょう。

STEP 2

容器に入れる

切った食材と調味料を
耐熱容器に入れます。
加熱ムラができないよう薄切り肉は
1枚ずつ広げて並べると◎。
レシピで指定がなければ、
順番に特に決まりはありません。

ラップのあり・なしの使い分け

加熱時のラップの有無はレシピによって異なります。水分を逃したくないものや、素材をしっとり、ふっくら仕上げたいときはラップをして加熱。パスタなど水分をとばしたいときや、スープなど水分が多く噴きこぼれる可能性があるものはラップなしで加熱します。

STEP 3

ラップをかける

レシピに「ラップをして」とあれば、
ラップをかけます。
ぴったり密着させると、破裂や容器の
変形が起こる場合もあるので、
余裕をもたせてふんわりと
かぶせるのがポイントです。

STEP 4

チンして混ぜる

記載された時間通りに加熱したら、
全体をよく混ぜます。
レシピによって加熱前に混ぜる、
加熱途中に混ぜるものもありますが、
加熱後にも混ぜることで調味料を
行き渡らせ、味をなじませます。

便利に使いこなそう!

レンジの小ワザ

食材の下ごしらえなども、じつはレンジを使えば簡単です。
知っておくと役立つレンジ調理のあれこれを紹介します。

野菜をゆでる

野菜の水分を生かして火を通すので
湯を沸かす時間をカットできてラクチン!

ほうれん草

洗って3〜4㎝幅に切る。水気をきらずに容器に入れ、ラップをして2〜3分チン(1束)。冷水にさらして水気を絞る。

もやし

さっと洗って水気をきり、容器に入れる。ラップをして2分ほどチン(1袋200g)。

ブロッコリー

小房に分けて水にさらし、水気をきる。濡れたまま容器に入れ、ラップをして3分ほどチン(1房300g)。

にんじん

好みの大きさに切って容器に入れ、水大さじ1をふる。ラップをして2分ほどチン(½本100g)。

アスパラガス

根元のかたい部分をピーラーでむき、洗う。濡れたままラップで包み、1分ほどチン(1束100g)。かたければ10秒ずつ追加。食べやすく切る。

じゃがいも

よく洗い、濡れたままラップで包んで3分ほどチン(中1個)。楊枝を刺してスッと入ったらOK。足りない場合は30秒ずつ追加。

パスタをゆでる

早ゆでタイプならより時短に。細長い容器を使う場合は半分に折らなくてもOK。

1 容器にパスタ100g(半分に折る)、水500mℓ、塩小さじ½を入れて軽く混ぜる。

2 ラップなしで、袋の表示のゆで時間＋４分ほどチン。ほぐしてざるに上げ、水気をきる。

温泉卵を作る

麺や丼のトッピングに。加熱前、破裂防止のため卵黄に穴をあけます。

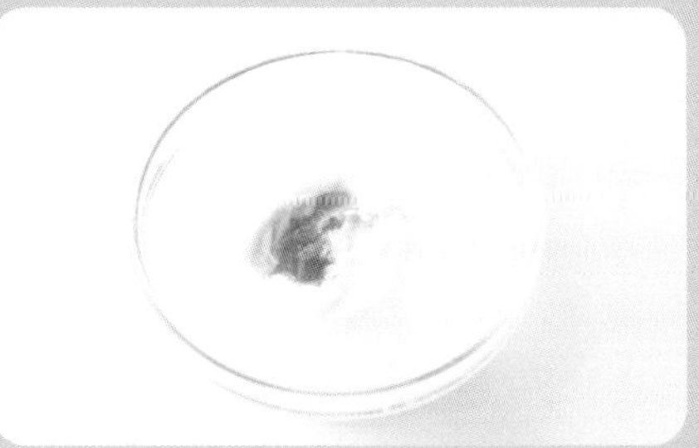

1 容器(直径７～８㎝、深さ５㎝)に卵１個を割り入れ、卵が完全にかぶるくらいの水を加え、卵黄に楊枝で穴をあける。

2 ラップなしで45秒ほどチン(足りなければ様子を見ながら追加)。スプーンなどですくって水気をきる。

カリカリベーコンを作る

サラダなどのトッピングに。加熱後、好みの大きさにカットして。

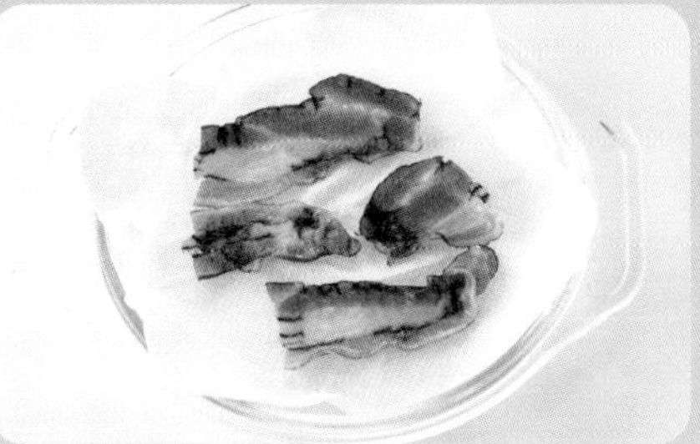

1 耐熱皿にペーパータオルを２枚重ねて敷き、ベーコン４～５枚を重ならないように並べる。

2 ラップなしで１分半ほどチン。好みのカリカリ具合になるまで様子を見ながら10～20秒ずつ追加。

レンジの小ワザ

豆腐の水きり

重石をして水きりをする方法もありますが、レンジを使えばあっという間です。

1 豆腐1丁300gをペーパータオル2枚で包み、耐熱皿に入れる。

2 ラップなしで3分〜3分半チン。豆腐から出た水分を捨て、ペーパーを外す。

油揚げの油抜き

味噌汁や煮物などに使う前のほんのひと手間。湯通しするよりも手軽です。

1 油揚げ1枚をペーパータオル1枚で包み、耐熱皿に入れる。

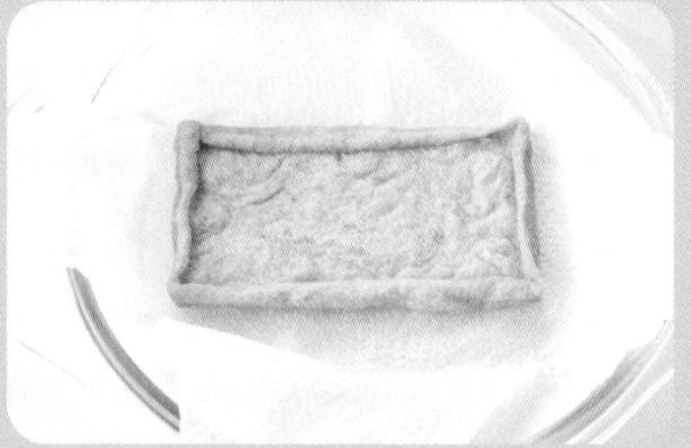

2 ラップなしで1分ほどチン。そのまま粗熱が取れるまでおくと、ペーパーに油がしみ込む。

耐熱容器について

材質や形状などいろいろな種類があるので、作るものに合わせて選びましょう。料理によっては耐熱性の器を使うと、そのまま食卓に出せて便利です。

プラスチック容器

材料を入れやすくて加熱ムラが少ない角型が使いやすい。汁気がこぼれないように、ある程度、深さがあるものがおすすめです。★本書では主に13cm角×深さ13cm、18cm×13cm×7cmを使用。

耐熱ボウル

具材や汁気が多い場合は耐熱ボウルを使用。ガラス製は色汚れやにおいがつきにくいので、色や味が濃いものを作るときにも向いています。★本書では主に直径18cm×深さ10cm、直径13cm×深さ7cmを使用。

耐熱皿

ハンバーグや肉巻きなど形崩れを避けたいものや汁気が少ないおかずは、口が広くて浅めの耐熱皿が作りやすい。平皿は卵を加熱するときに使用。★本書では主に直径18cmの平皿、22cm×15cm×5cmを使用。

本書の使い方

アイコン

各レシピのレンジのアイコンにレンジ加熱時間の合計を表記しています。
お弁当におすすめのレシピには、お弁当マークを入れているので参考にしてください。

6分　加熱時間の合計を記載。

お弁当にもおすすめのレシピ。

調理工程

- 大1(大さじ1)＝15mℓ、小1(小さじ1)＝5mℓです。卵はLサイズを使用。
- 野菜を洗う、皮をむく、きのこの石づきを取る、余分な油をペーパータオルで吸い取るなどの工程は基本的に省いています。
- 付け合わせなどレシピに記載していないものは好みでご使用ください。
- 基本的にはレンジ加熱時のラップの有無は作り方に入れています。連続で加熱する場合は1回目の加熱時のみに入れ、2回目以降は「再び〜分チン」と省略している場合もあります。
- 炊飯器は圧力釜タイプではなく、マイコンタイプの5合炊きを使用。
- トースターのワット数は1000Wで作っています。

調味料

- 醤油 … 濃口醤油を使用。
- みりん … 本みりんを使用。
- 酒 … 手頃な料理酒でOK。
- 麺つゆ … 2倍濃縮を使用。
- 味噌 … だし入りを使用(好みのものでOK)。
- 鶏ガラの素 … 顆粒タイプを使用。
- 顆粒だし … 和風の粉末だしを使用。
- ソース … 記載がなければウスターソースを使用。
- バター … 有塩を使用(無塩でもOK)。

省略用語

レシピに出てくる用語をいくつか省略しています。以下を参考にしてください

マヨネーズ→マヨ　サラダ油→油　ポリ袋→袋　耐熱容器→容器

電子レンジで加熱する→〇分チン　大さじ・小さじ→大・小

加熱時間は600Wが基準

レシピで特に指定がない場合、レンジの加熱時間は600Wを基準としています。右記の表を参考にして、500Wのときは加熱時間を約1.2倍に、700Wのときは約0.85倍にしてください。

★電子レンジのメーカーや機種により誤差が出る場合があるので、レシピの加熱時間を目安に様子を見ながら調整してください。

600Wの加熱時間	500Wの加熱時間	700Wの加熱時間
1分	1分10秒	50秒
2分	2分20秒	1分40秒
3分	3分40秒	2分30秒
4分	4分50秒	3分20秒
5分	6分	4分20秒
6分	7分10秒	5分10秒
7分	8分20秒	6分
8分	9分40秒	6分50秒
9分	10分50秒	7分40秒
10分	12分	8分30秒

contents

切るだけ、あえるだけレシピ

PART 04

サブおかず

ほったらかしでOK! 炊飯器レシピ

PART 08 ご飯・麺・パン

PART 09 即席スープ&ひとり鍋

PART 10

レンチンデザート

香ばしい！トースターレシピ

デザイン　細山田光宣、鈴木あづさ（細山田デザイン事務所）
写真　鈴木泰介（帯、P2～35）、ハマごはん
スタイリング　本郷由紀子
調理補助　大林久利子
イラスト　yukke
編集　矢澤純子
編集協力　平井薫子、諸井まみ
DTP　Office SASAI
校正　麦秋アートセンター

PART

01

レンジの力で
驚きのうまさ!

定番メニュー

肉じゃが、ロールキャベツ、おでんといった煮込み系や、
麻婆豆腐やローストビーフなど少し手間がかかる料理も、
レンジを使えば、びっくりするほど簡単においしく作れます!

No. 001

ラクチン肉じゃが

12分

時間がかかるイメージの肉じゃがですが、
レンチンなら炒める＆煮込む手間いらず。
油を使わないので、通常の作り方に比べて
ぐっとヘルシーな仕上がりに。

甘辛味が
しみっしみ！

材料（1〜2人分）

POINT!

- じゃがいもやにんじんは小さめに切ることで、加熱不足を防げます。
- 甘めの味つけでご飯に合う味に。
- 余ったら次の日に食べてもOK。

1 容器にすべての野菜と豚肉を入れる。

2 ラップをして5分チン。

3 Aを加えて混ぜ、ラップをして7分チン。

加熱ムラをなくすため、加熱後はよく混ぜて

4 よく混ぜ合わせる。

やる気TIPS

しょうがには香りをプラスしたり臭みを取ったりする役割が。チューブだと便利。

No.002 ジャポネハンバーグ

6分40秒

材料（1～2人分）

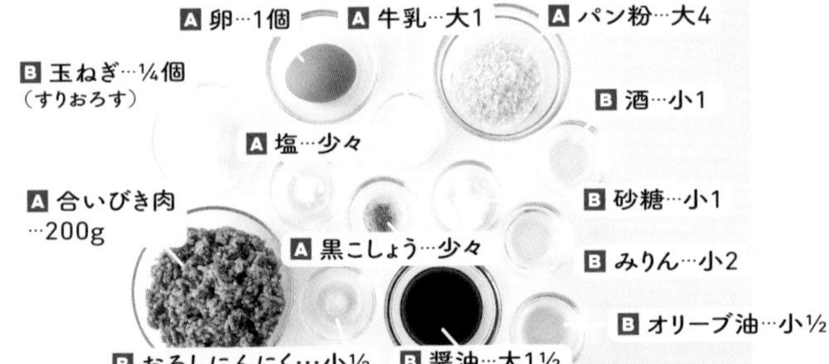

POINT!

- ソースはラップをせずに加熱し、アルコールをとばす。
- 好みでドライパセリを。

1

Aを混ぜて2等分にし、俵形に成形する。容器に入れ、ラップをして5分チン。

2

上下を返し、再びラップをして1分チン。

3

別の容器にBを入れて混ぜ、ラップなしで40秒チン。よく混ぜ、2にかける。

No.003 レンジで麻婆豆腐

6分

材料(1人分)

- 絹ごし豆腐…½丁 150g(1cm角に切る)
- ごま油…小½
- A 焼き肉のたれ…大1
- A 片栗粉…小2
- A 豆板醤…小½
- A 豚ひき肉…50g
- A 水…50mℓ
- A おろしにんにく…小1
- A おろししょうが…小1

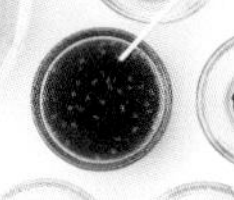

POINT!

- 豆腐は木綿に替えてもOK。
- 片栗粉でとろみがつくので加熱後よく混ぜる。
- 好みで刻みねぎを散らして。

1 容器にAを入れて混ぜ、ラップをして4分チン。

2 豆腐、ごま油を加え、再びラップをして2分チン。よく混ぜる。

やる気TIPS

パン粉は匂いが移りやすいので、保存するときは密閉容器に入れるのがベスト。

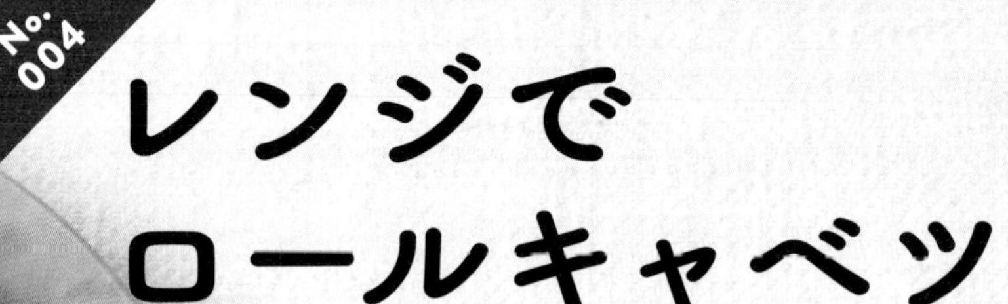

No.004

レンジでロールキャベツ

12分～13分

肉だねにカレー粉を加えることで、ご飯にもパンにも合う味に。
キャベツは先にレンチンしておくことで
芯ごと柔らかくなり、巻きやすくなります。

カレー風味で
子どもにも人気

材料（1人分）

POINT!

- キャベツの葉は完全にきれいなものでなくても、少し破けているくらいならOK。
- キャベツの芯は好みで除いても。
- ドライパセリをふるのもおすすめ。

1

ボウルにAを入れ、軽く混ぜる。

2

しんなりする
くらいが目安

容器にキャベツを入れ、ラップなしで2〜3分チン。粗熱を取る。

3

楊枝2本を
クロスさせるように
留めると◎

②を1枚広げ、手前に①の半量を軽くまとめておく。葉を手前からひと巻きし、左右を折りたたんでくるくると巻き、巻き終わりを楊枝で留める。もう1個も同様に作る。

4

容器に顆粒コンソメ、水、③を入れ、ラップなしで5分チン。裏返して再び5分チン。

やる気TIPS

キャベツの芯は細かく切って料理に加える、ベジブロスにするなど捨てずに活用して。

No.005 ミートソースパスタ

11分

材料（1人分）

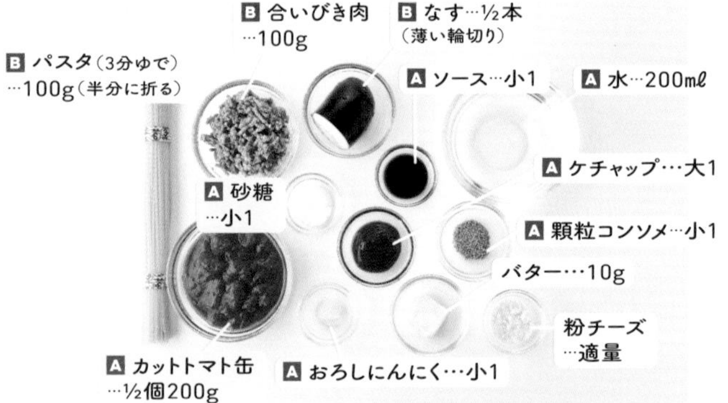

POINT!

- なすは火が通りやすいように薄切りにする。
- 好みでドライパセリを。

1

容器にAを入れて混ぜる。Bを加え、ラップをして8分チン。

2

よく混ぜてバターを加え、再びラップをして3分チン。よく混ぜ、粉チーズをふる。

No.006 ふわとろオムライス

3分20秒〜

材料（1人分）

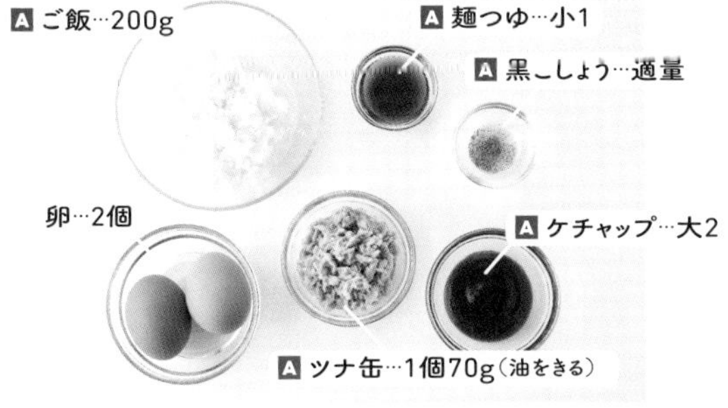

POINT!

- 卵を入れる前に皿に油を塗っておくとはがれやすくなる。
- 好みでケチャップをかけ、ドライパセリをふって。

1

容器にAを入れてよく混ぜ、ラップをして2分チン。器に盛る。

2

卵を溶いて耐熱の平皿に入れ、ラップなしで1分チン。よく混ぜて再び20秒チン（固まっていなければ20秒ずつ追加）。1にのせる。

やる気TIPS

卵は熱が入りやすいので、かたくならないように様子を見ながら少しずつ加熱を。

3分

ミートソースは市販のものを使うからラクチン＆失敗なし。
耐熱皿で調理すれば、そのまま食卓に出せて
洗いものも少なくて済みます。

とろける
チーズが最高!

材料（1人分）

POINT!

● 直径約15cmの耐熱皿を使用。混ぜにくければ、ボウルで混ぜてから皿に移してもOK。
● 仕上げにドライパセリをふっても。

耐熱皿にAを入れてよく混ぜる。

ラップをして2分チン。

ピザ用チーズを散らし、ラップなしで1分チン。

レトルト品は常備しておくと◎。アレンジ方法を頭に入れておけばマンネリ知らず。

うまずぎて
秒で完食!

No.008

本格油そば

3分

材料（1人分）

- 蒸し（ゆで）タイプの中華麺なら好みのものでOK。
- 好みで刻みのり、刻みねぎをトッピングして。

1

容器にAを入れてよく混ぜる。

2

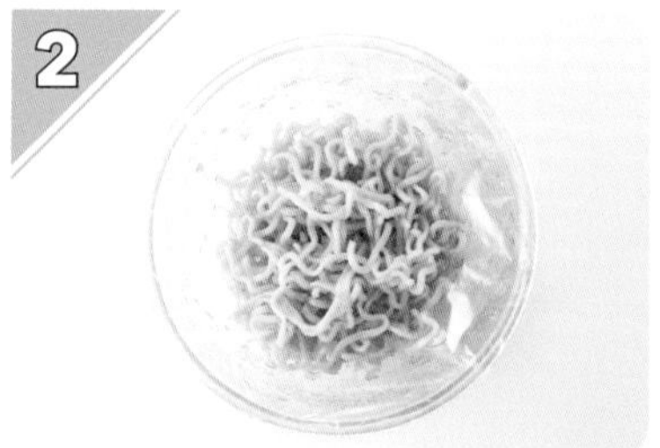

ラップをして3分チン。よく混ぜ、卵黄をのせる。

レンジでふわふわ食感!

No.009 焼き鳥つくね

6分

材料（1～2人分）

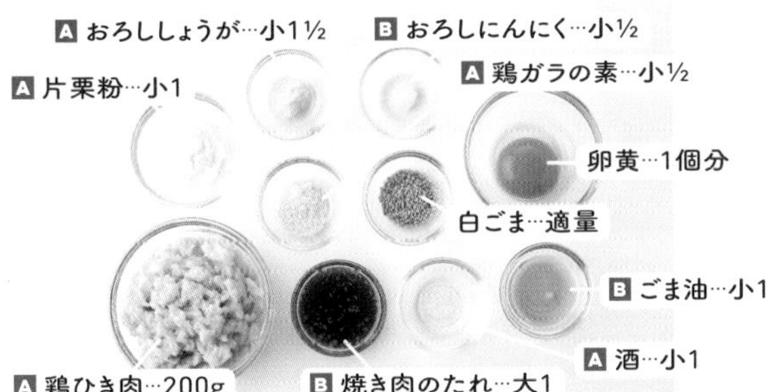

POINT!

- 肉だねはおおまかにまとめる程度でOK。
- お弁当に入れるときは卵黄はなしで。

1 Aをよく混ぜ、食べやすい大きさに軽く丸める。容器に入れ、ラップをして3分チン。余分な汁気を捨てる。

2 混ぜたBを加えてからめ、再びラップをして3分チン。白ごまをふって卵黄を添える。

やる気TIPS

肉だねを作るときは、調理用手袋を使えば手が汚れず作業がスムーズに。

No.010

ローストビーフ

3分30秒

本格的なごちそうメニューがレンチンで失敗なく作れます。
しっとり柔らかく、味がよくしみたお肉は、
お酒はもちろんご飯にも合います。

材料（1～2人分）

POINT!

- 脂肪の少ない牛もも肉を使うのがおすすめ。
- アルミ箔に包んで余熱でゆっくり火を通す。
- 加熱後に容器に残ったたれは、ソースとして肉にかけて。
- 好みでレモンを添えて。

牛肉にフォークで数か所刺して穴をあける。

容器にAを入れて混ぜ、1を加えてからめ、向きを変えながら15分おく。

2にラップをして3分半チン。

肉をアルミ箔で包み、15分おく。食べやすく切り、たれをかける。

牛肉の中でも脂肪が少ない部位が、もも。脂質量が気になる人におすすめ。

シーフード
ミックスで
うまみが倍増！

No.011 白身魚のアクアパッツァ

4分

材料（1人分）

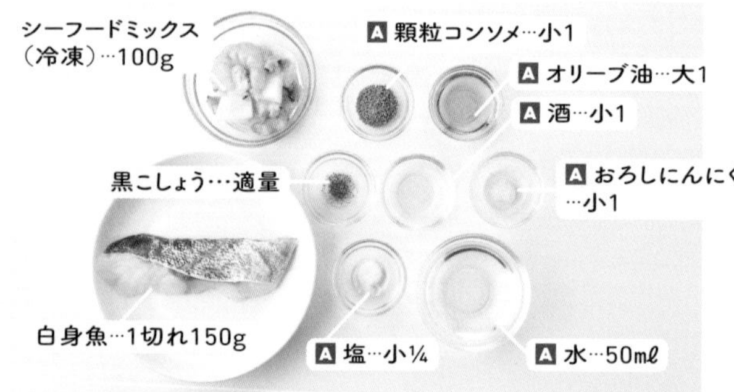

● 白身魚はタラやたいなど好みのものでOK。
● 好みでドライパセリを。

1

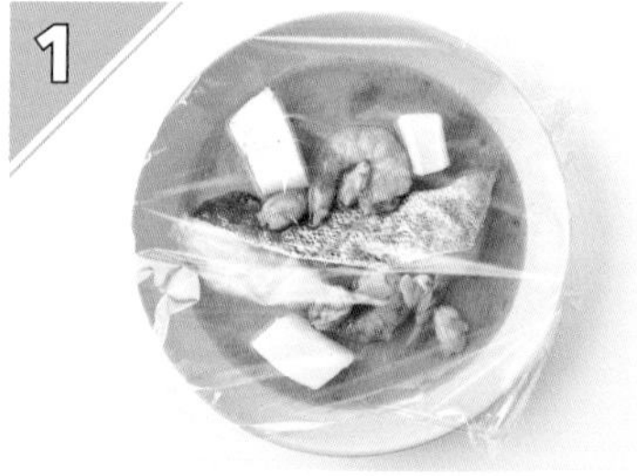

耐熱皿にAを入れて混ぜる。白身魚とシーフードミックスを加え、ラップをして4分チン。黒こしょうをふる。

No.012 レモン風味のさば味噌

材料（1人分）

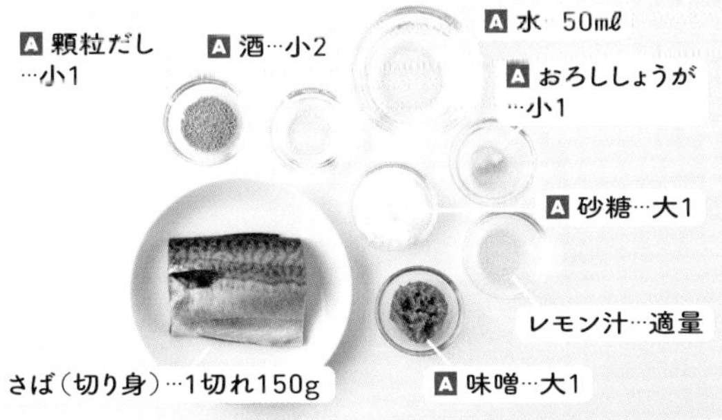

POINT!
- さばはヒレがあれば取り除く。
- 好みでレモンを添えて。

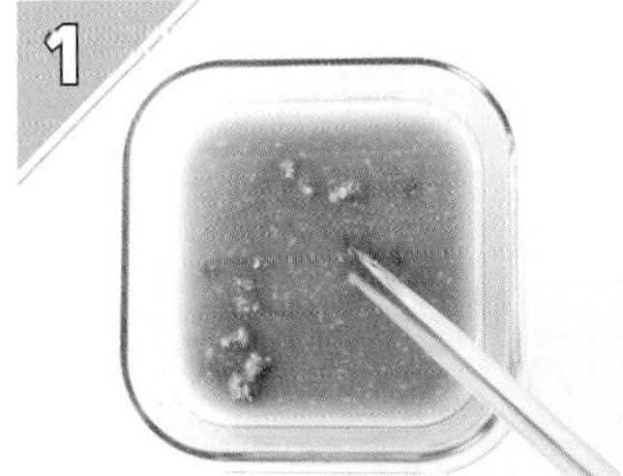

1 容器にAを入れてよく混ぜ、味噌を溶かす。

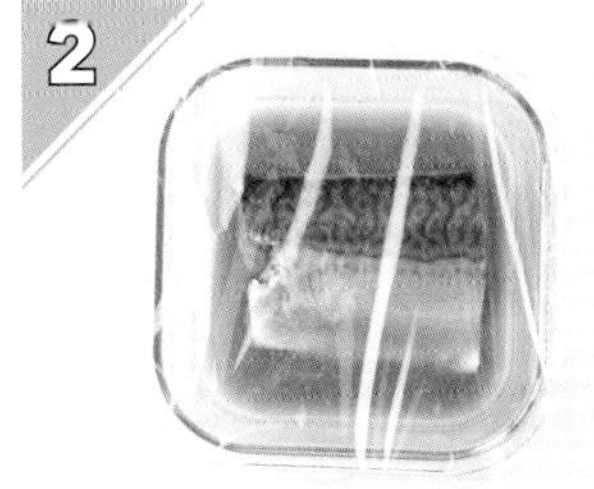

2 さばを加え、ラップをして2分チン。

3 上下を返し、再びラップをして2分チン。たれをからめ、レモン汁をふる。

やる気TIPS

タラやたい、鮭、すずきなどの白身魚は、様々な味つけや調理法に合う万能な食材。

少ない量でも
気軽に作れる!

No.013 レンジで簡単おでん

20分

材料（1人分）

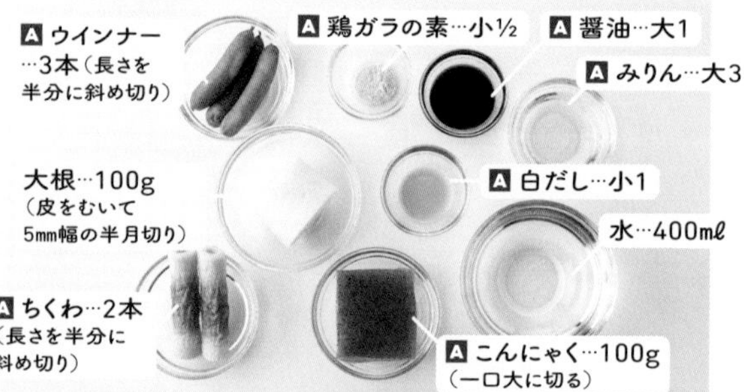

POINT!

- 大根は薄く切ると火が通りやすく、味もよくしみる。
- こんにゃくは手でちぎってもOK。

1

容器に大根と水200mℓを入れ、ラップなしで10分チン。

2

水200mℓ、Aを加え、再びラップなしで10分チン。

No.014 絶品ポテサラ

9分

材料（1〜2人分）

POINT!

- マヨネーズは分離しやすいのでじゃがいもが冷めてから加えて。
- 好みでドライパセリを。

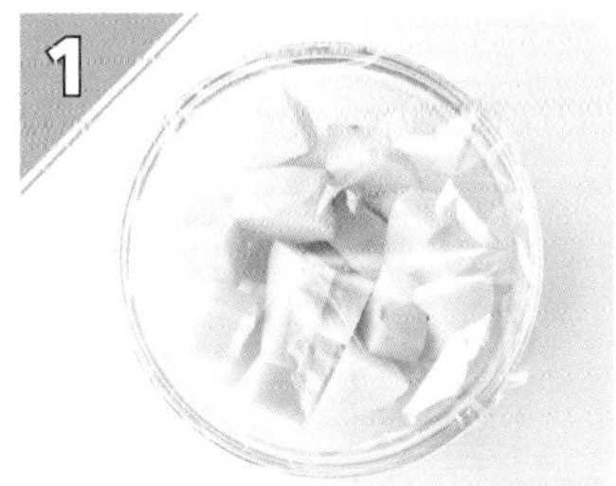

1 容器にじゃがいも、水大1（分量外）を入れ、ラップをして8分チン。

2 1を熱いうちにスプーンなどで好みの加減につぶす。

3 別の容器にウインナーを入れ、ラップをして1分チン。残りの材料とともに2に加えて混ぜ、粗熱を取る。

やる気TIPS

大根やにんじんなど熱の通りにくい食材も薄く切ることで加熱時間が短縮できます。

No. 015

生チョコいちご大福

約2分30秒

白玉粉を使って大福の生地がレンジで簡単に作れちゃう!
いちごの甘酸っぱさと生チョコの
なめらかな口どけがマッチした新たなおいしさです。

材料（2個分）

POINT!

- 生チョコは板チョコ（ミルク）で代用してもOK。
- 大福の生地は、まとまりが足りない場合は10秒ずつ追加で加熱して。
- チョコが溶けるので、包む前に生地は完全に冷ます。

1 容器に生チョコ、牛乳を入れて混ぜ、ラップをして約１分チンし、溶かす。

2 小さい容器にラップを敷き、いちごを入れ、1 をかける。

3 ラップで包み、口をねじって閉じる。同様にしてもう１個作り、冷蔵庫で30分ほど冷やし固める。

4 別の容器に A を入れて混ぜ、ラップをして１分半チン。全体がまとまるまでよく混ぜ、粗熱を取る。

5 バットなどに片栗粉を多めに入れ、4 をこねながら広げる。

6 ２等分にし、3 を１個ずつのせ、生地をかぶせて包む。

液体を多く含むものをレンジ加熱するときは、突沸の恐れがあるので注意して。

PART

02

とにかくお腹が空いた日に!

ガッツリおかず

お腹がペコペコのときに食べたいガッツリ系のおかずを紹介します。
肉を中心にボリュームのある食材を使い、ご飯がすすむ味つけに。
夕飯だけでなく、お弁当にもおすすめのメニューがたくさん!

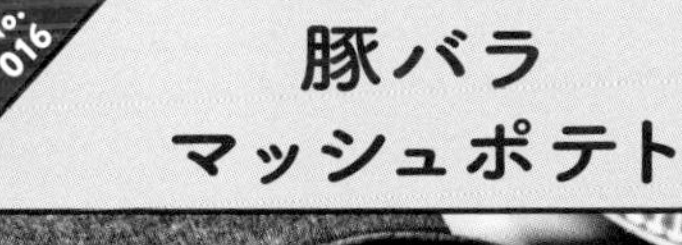

No.016 豚バラマッシュポテト

1～2人分

1 容器にじゃがいも3個(皮をむいて一口大に切る)、水大1を入れ、ラップをして8分チン。じゃがいもをつぶす。

2 豚バラ薄切り肉200gに1を均等にのせて巻き、容器に入れる。

3 醤油・酒各大1、砂糖・白だし各小2を混ぜて2に加え、ラップをして4分チン。返してピザ用チーズ適量をかけ、ラップをして1分半チン。黒こしょう適量をふる。

POINT! 一口サイズに巻くことで食べやすくなる。好みでドライパセリを。

No.017 角煮風チーズ豚バラ

1～2人分

A 醤油大2、酒・みりん各大1、砂糖小1、おろししょうが小½、水50mℓ

1 豚バラ薄切り肉200gにベビーチーズ8個を1個ずつのせて巻き、片栗粉大2をまぶす。

2 容器にAを入れて混ぜ、1を加えてからめ、ラップをして5分チン。返して再び2分チン。刻みねぎ適量を散らす。

POINT! 片栗粉をまぶすことで味がよくなじむ。

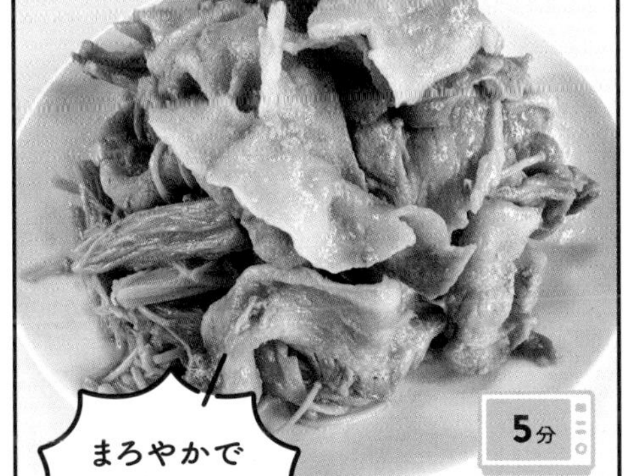

No.018 とろとろ卵黄の豚バラえのき

1～2人分

A 麺つゆ・みりん各大2、ごま油小2、顆粒だし小1、おろしにんにく小½

容器に豚バラ薄切り肉200g(一口大に切る)、えのき1袋(根元を切り落として長さを半分に切る)、混ぜたAを入れてからめ、ラップをして5分チン。卵黄1個分を加えてからめる。

POINT! 味にムラが出ないようにレンチン前に調味料をよくからめる。

やる気TIPS
薄切り肉は熱が通りやすいので、レンジ調理向き。少ない加熱時間で済みます。

No.019
肉巻きチーズポテト

1人分

A | みりん大2、醤油大1、砂糖小2、顆粒だし・麺つゆ各小1

1 豚バラ薄切り肉200gを広げ、じゃがいも2個(皮をむいて棒状に切る)、スライスチーズ適量(適当な大きさに切る)を均等にのせて巻く。

2 容器にAを入れて混ぜ、1を加えてからめ、ラップをして4分チン。返して再び3分チン。

POINT! 均一に味がしみ込むよう加熱前に調味料をからめる。好みで白ごまを。

No.020
長いもチーズ肉巻き

1人分

1 豚バラ薄切り肉200gで長いも150g(皮をむいて棒状に切る)、さけるチーズ1本25g(棒状に裂く)、青じそ6枚を巻く。容器に入れる。

2 焼き肉のたれ大2、おろししょうが・おろしにんにく・ごま油各小1を混ぜて1に回しかけ、ラップをして5分チン。白ごま適量をふる。

POINT! 豚肉に青じそ1枚、長いも、チーズの順にのせて巻き、計6個作る。

No.021
長いもの肉巻き

1人分

1 豚バラ薄切り肉150gに長いも100g(皮をむいて細切り)を均等にのせて巻く。

2 容器に焼き肉のたれ大1½、おろしにんにく小1、鶏ガラの素小½を入れてよく混ぜ、1を加えてからめ、ラップをして4分チン。返して再び3分チン。

POINT! 豚肉を十字に重ね、長いもを覆うように巻く。好みで白ごまをふり、レモンを添えて。

No.022 豚バラと青じその梅煮

だしと青じそが上品に香る!

1人分

1 容器に豚バラ薄切り肉200g(食べやすく切る)、麺つゆ大2、おろししょうが小1、顆粒だし小½を入れて混ぜ、ラップをして4分チン。

2 青じそ3枚(細切り)、梅干し2個(種を取って刻む)を加えて混ぜ、白ごま適量をふる。

POINT! 風味がとばないよう青じそと梅は加熱後に加える。刻みねぎを散らしても。

チーズの塩気がいい感じ

No.023 豚バラチーズポテト

1〜2人分

1 容器にじゃがいも2個(皮をむいて細切り)を入れ、ラップをして2分チン。

2 豚バラ薄切り肉200g(一口大に切る)、顆粒コンソメ小1を加えて混ぜ、ラップをして3分チン。ピザ用チーズ適量を加えて混ぜ、再び2分チン。塩少々、黒こしょう適量をふる。

POINT! 時間差で加熱してじゃがいもは芯まで柔らかく。好みでドライパセリを。

ボリュームも栄養も大満足

No.024 厚揚げ豚バラ

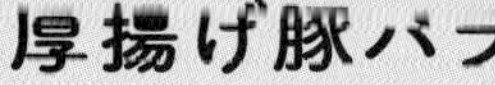

1〜2人分

1 容器に豚バラ薄切り肉150g(一口大に切る)、厚揚げ100g(食べやすく切る)、混ぜた味噌・酒各大1、麺つゆ小2を入れ、ラップをして4分チン。

2 キャベツ2枚(ざく切り)、ごま油小2を加え、ラップをして1分チン。よく混ぜ、刻みねぎ適量をふる。

POINT! キャベツは2回目に加えて食感を残して。

やる気TIPS

長いもは生のままでも加熱しても食べられます。日持ちするのもうれしい。

No.025 レンジでとん平焼き

1人分

1 容器に豚バラ薄切り肉80g(一口大に切る)、鶏ガラの素小½を入れて混ぜ、ラップをして2分チン。もやし¼袋50g、キャベツ1枚(せん切り)を加えて再び2分チン。混ぜて器に盛る。

2 耐熱皿に溶き卵2個分、バター10gを入れ、ラップをして30秒チン。混ぜて再び1分チン。

3 1に2をかぶせ、お好みソース・マヨ各適量をかけ、刻みねぎ・かつお節各適量をのせる。

POINT! 余熱で火が入るので、卵はレンチン後すぐにのせて。

No.026 豚とピーマンのオイスター煮

1人分

A オイスターソース・醤油各大1、みりん・砂糖各小2、酢小1

容器に豚こま肉200g、ピーマン2個(乱切り)、Aを入れて混ぜ、ラップをして5分チン。

POINT! 肉に調味料をよくからませるように混ぜる。好みで白ごまを。

No.027 ガッツリ肉炒め

1人分

1 容器に豚こま肉200g、醤油大1、砂糖・みりん・酒各小2を入れて混ぜ、ラップをして3分半チン。

2 ニラ¼束(5cm長さに切る)を加えて混ぜ、ラップをして1分チン。

POINT! ニラは細かく切って調味料に混ぜても美味。白ごまをかけても。

No.028 豚こまチーズボール

1人分

1 袋に豚こま肉200g、塩・こしょう各少々を入れてもみ込み、片栗粉小2、ピザ用チーズ50gを加えてさらにもみ込み、5〜6等分にして丸める。

2 容器に入れ、醤油大1、みりん小1、砂糖小2を混ぜて加え、ラップをして4分チン。

片栗粉をもみ込むことでしっかりまとまる。

No.029 レンジで簡単回鍋肉

1人分

A 焼き肉のたれ大2、ごま油・オイスターソース各大1、豆板醤小2、おろししょうが・おろしにんにく各小1

容器に豚こま肉200gと**A**を入れ、よくもみ込む。キャベツ2〜3枚(ざく切り)、ピーマン2個(乱切り)を加えて混ぜ、ラップをして5分チン。

肉に調味料をもみ込んで、下味をしっかりつけて。好みで白ごまを。

No.030 豚こまと玉ねぎの照り焼き

1人分

1 容器に豚こま肉200g、玉ねぎ¼個(くし形切り)、醤油・みりん各大1、砂糖小2、顆粒だし小1を入れて混ぜ、ラップをして4分チン。

2 器に盛り、容器に残ったたれをかけ、貝割れ大根適量をのせる。

POINT!
チンする前に肉と玉ねぎに調味料をからめるように混ぜる。

やる気TIPS
ピーマンはヘタ以外は食べられるので、料理によっては種やワタごと加えても。

No.031 豚こまとキャベツの卵蒸し

1人分

1 容器に豚こま肉200g、焼き肉のたれ・オイスターソース各大2、砂糖小2、鶏ガラの素小½を入れて混ぜ、ラップをして3分チン。キャベツ2枚(ざく切り)を加え、再び2分チン。

2 1に溶き卵1個分を回しかけ、ラップをして1分半チン。

POINT! 卵は全体に回しかけると具材とよくなじむ。好みで白ごまをふって。

No.032 レンジで中華あんかけ

1～2人分

A | 片栗粉大1、麺つゆ小2、鶏ガラの素・ごま油各小1、塩・こしょう各適量

1 容器ににんじん¼本(細切り)を入れ、ラップをして2分チン。

2 豚こま肉200gとAを加えて混ぜ、ラップをして3分チン。

3 キャベツ2枚(ざく切り)、溶き卵1個分を加え、ラップをして2分チン。

POINT! 卵は回しかけるだけでOK。好みで刻みねぎを散らして。

No.033 豚と塩昆布のマヨしゃぶ

1人分

1 容器に豚こま肉200g、マヨ・ポン酢・おろしにんにく各小1、顆粒だし小½を入れて混ぜ、ラップをして3分チン。混ぜて再び3分チン。

2 塩昆布大1を加えてからめる。

POINT! 塩昆布は余熱でなじませ、うまみをまとわせる。

ごま油の香りにそそられる

4分30秒

No.034 豚玉あんかけ

1人分

1 容器に豚こま肉200g、焼き肉のたれ大2、おろしにんにく小1を入れて混ぜ、ラップをして3分チン。

2 水溶き片栗粉(水大1、片栗粉大2)、ごま油小2、溶き卵2個分を加え、ラップをして1分半チン。

水溶き片栗粉はよく混ぜてから加える。好みで白ごまを。

No.035 レンジで豚キムチ

1人分

容器に豚こま肉200g、おろしにんにく・おろししょうが・ごま油各小1を入れて混ぜ、ラップをして4分チン。キムチ80gを加え、再び2分チン。

調味料を加えたらよく混ぜる。好みで刻みねぎや白ごまをかけても。

No.036 豚ロースの甘辛煮

1人分

容器に豚ロース薄切り肉200g(一口大に切る)、醤油・砂糖・みりん各大1、白だし小1、好みでレタス適量(ちぎる)を入れて混ぜ、ラップをして5分チン。

レタスの代わりにキャベツや白菜、きのこでもおいしい。好みで白ごまを。

やる気TIPS

片栗粉はとろみをつける他、揚げ物の衣にしたり、お菓子作りにも使えます。

PART 02

ガッツリおかず・豚肉

No.037 豚のしょうが焼き

1人分

1 容器に豚ロース薄切り肉200g(一口大に切る)、焼き肉のたれ大1½、おろししょうが小1½を入れて混ぜ、ラップをして3分チン。

2 玉ねぎ¼個(薄切り)を加えて混ぜ、ラップをして2分チン。

POINT! トロトロ玉ねぎが好きな人は最初から一緒にチンしても。好みで刻みねぎを。

No.038 カレー風味のポークソテー

1人分

1 容器に豚ロース薄切り肉200g(一口大に切る)、ケチャップ大2、ソース小2、麺つゆ・おろしにんにく各小1を入れて混ぜ、ラップをして3分チン。

2 肉を返してカレー粉小1、キャベツ2枚(ちぎる)を加えて混ぜ、ラップをして2分チン。

POINT! 好みで刻みねぎや白ごまをふっても美味。

No.039 スタミナごま油豚ロース

1人分

1 容器に豚ロース薄切り肉200g(一口大に切る)、焼き肉のたれ大1½、ごま油大1、おろしにんにく小1を入れて混ぜ、ラップをして3分チン。

2 キャベツ2枚(ざく切り)を加えて混ぜ、ラップをして2分チン。卵黄1個分をのせる。

POINT! 卵黄をソース代わりによくからめて食べる。

No. 040
焼かないポークステーキ

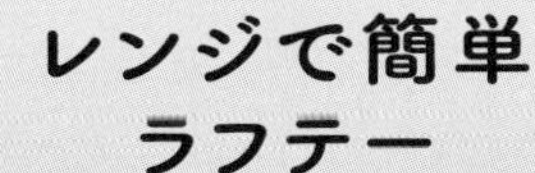

焼かなくても香ばしい

1～2人分

1 容器に豚ロース厚切り肉300g(角切り)を入れ、塩少々、黒こしょう適量をまぶす。

2 オリーブ油小1をからめ、ラップをして2分チン。返して再び2分チンし、器に盛る。

3 容器に残った肉汁に焼き肉のたれ・ごま油各大1を加えて混ぜ、ラップをして30秒チンし、2にかける。

POINT! 豚肉の加熱時間は火が通るまで様子を見ながら調整して。

No. 041
レンジで簡単ラフテー

豚肉がとろける～♪

1～2人分

1 容器に豚バラかたまり肉300g(フォークで数か所刺す)、おろししょうが小1½、顆粒だし・白だし各小1、水50mℓを入れ、ラップをして5分チン。

2 肉を返し、醤油・酒・砂糖各大1、鶏ガラの素小1、長ねぎ10cm(斜め切り)を加え、ラップをして3分チン。肉を一口大に切る。

POINT! 豚肉に穴をあけることで柔らかくなり、味もしっかり入る。

No. 042
味噌チーズ角煮

見た目よりずっと柔らかい!

1人分

A 酒大1、醤油・みりん・麺つゆ各小2、味噌・砂糖・おろししょうが各小1、顆粒だし小½

1 容器にAを入れて混ぜ、豚バラかたまり肉200g(フォークで数か所刺し、大きめの一口大に切る)を加えて15分漬ける。返して再び15分漬ける。ラップをして5分チン。

2 ピザ用チーズ30gを加え、ラップをして1分チン。刻みねぎ適量を散らす。

POINT! 調味料に漬けると加熱が短時間でも味がしみ込み、ジューシーに。

やる気TIPS
数種類のスパイスがミックスされたカレー粉を使えば、食欲をそそる仕上がりに。

No.043 鶏ももの照り焼きステーキ風

1人分

A 醤油・みりん各大2、砂糖・おろしにんにく各小1、顆粒だし小½

1 **鶏もも肉1枚250g**(フォークで数か所刺す)に**片栗粉小1**をまぶす。

2 容器に**1**と**A**を入れて混ぜ、10分漬ける。

3 ラップをして4分チンし、そのまま1分おく。**貝割れ大根適量**をのせる。

POINT! レンチン後1分おくと、余熱で味がしっかり入る。好みでレモンを。

No.044 焼き肉のたれで簡単よだれ鶏

1人分

A 焼き肉のたれ大1½、酒大1、醤油・おろしにんにく・おろししょうが各小½

1 容器に**鶏もも肉1枚250g**、**酒大1**、**鶏ガラの素小1**を入れて30分おく。全体を混ぜ、ラップをして6分チン。

2 肉を一口大に切り、混ぜた**A**を回しかけ、**白ごま・刻みねぎ各適量**を散らす。

POINT! 下味に鶏ガラの素を使うとうまみが引き出される。好みでラー油や白ごまをかけても。

No.045 チーズ照りたまチキン

1人分

1 袋に**鶏もも肉1枚250g**(フォークで数か所刺す)、**醤油大2**、**砂糖小2**、**ごま油小1**を入れてもみ混ぜ、30分漬ける。

2 容器に**1**を入れ、ラップをして5分チン。鶏肉を適当な大きさに切って容器に戻し、**ピザ用チーズ30g**を加え、ラップをして1分チン。

3 **ゆで卵2個**をつぶして**マヨ大2**と混ぜ、**2**にかける。**黒こしょう適量**をふる。

POINT! 簡易版タルタルソースでぐっと格上げ。好みで刻みねぎをのせても。

揚げずに
揚げ物風に

No.046 なんちゃってから揚げ

1人分

1 鶏もも肉1枚250g(一口大に切る)に焼き肉のたれ・おろしにんにく・醤油各小1をからめて30分おき、片栗粉大2をまぶす。

2 耐熱皿にクッキングシートを敷いてごま油大1を塗り、1を並べてラップをし、6分チン。

POINT! 下味に焼き肉のたれを使い、やみつきになる味に。好みでケチャップやマヨをつけて。

上品な酸味で
お店の味に

No.047 バルサミコチキン

1人分

容器に鶏もも肉1枚250g(一口大に切る)、バルサミコ酢・麺つゆ・はちみつ各大1を入れてからめ、ラップをして7分チン。粉チーズ適量をふる。

POINT! はちみつでやさしい甘みをプラス。刻みねぎやレモンをプラスしても。

人気の韓国味を
レンジで

No.048 チーズタッカルビ風

1人分

1 容器に鶏もも肉200g(一口大に切る)、キャベツ2～3枚(ざく切り)、焼き肉のたれ大2、コチュジャン小2、酢・ごま油各小1を入れてあえ、ラップをして5分チン。

2 ピザ用チーズ50gをのせて再び1分半チン。

POINT! チーズタッカルビもレンジを使えば1人分が簡単に。刻みねぎをのせても。

やる気TIPS

バルサミコ酢はぶどう果汁を使った果実酢。香りが加わり、おしゃれな仕上がりに。

No.049 チキンのトマト煮

5分

レンチンで
煮込み風

1人分

A ケチャップ大1、おろしにんにく・ソース・顆粒コンソメ各小1

1 容器に鶏もも肉200g(一口大に切る)、エリンギ1本(食べやすく切る)、カットトマト缶½個200g、**A**を入れて混ぜ、ラップをして3分チン。

2 一度混ぜ、再び2分チン。黒こしょう・粉チーズ各適量をふる。

トマト缶とケチャップのダブルトマト使いにソースを加え、短時間で濃厚に。好みでドライパセリをふっても。

No.050 鶏ニラもやし

1〜2人分

1 容器に鶏もも肉1枚250g(一口大に切る)、鶏ガラの素・オリーブ油各小1を入れてあえ、ラップをして4分チン。

2 ニラ¼束(3㎝長さに切る)、もやし½袋100g、塩・こしょう各適量を加えて混ぜ、ラップをして2分チン。

鶏肉と野菜は時間差で加熱して、野菜の食感を残して。

No.051 和風洋風混ぜチキン

1人分

1 容器に鶏もも肉1枚250g(一口大に切る)、味噌・麺つゆ各大2、オリーブ油大1を入れて混ぜ、ラップをして3分チン。

2 上下を返して再び2分チン。レモン汁小1をかける。

味噌と麺つゆの和風、オリーブ油とレモン汁の洋風の味が相性抜群。好みでレモンを。

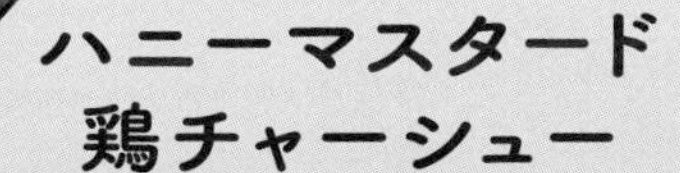

No.052 ハニーマスタード鶏チャーシュー

1人分

A はちみつ大1、マスタード小1、塩小⅓、黒こしょう適量

1 容器に鶏もも肉1枚250gを入れ、混ぜた**A**を塗り込み、ラップをして4分チン。

2 上下を返して再び2分チン。一口大に切る。

POINT! はちみつとマスタードの組み合わせでごちそう感アップ。

No.053 鶏もも肉の白菜レンジ蒸し

1人分

1 容器に鶏もも肉1枚250g(一口大に切る)、オイスターソース・焼き肉のたれ各大1、おろししょうが小1を入れてあえ、ラップをして3分チン。

2 白菜2～3枚(ざく切り)、ごま油小1を加えて混ぜ、ラップをして3分チン。

POINT! オイスターソース×焼き肉のたれで深みのある味わいに。白ごまをふっても。

No.054 鶏ももともやしのガリバタ蒸し

1人分

1 容器に鶏もも肉1枚250g(一口大に切る)、鶏ガラの素小1、塩少々を入れて混ぜ、ラップをして3分チン。

2 にんにく1片(薄切り)、もやし½袋100gを加えて混ぜ、ラップをして3分チン。バター10gをのせる。

POINT! にんにくも一緒にチンして香りをまとわせる。バターを溶かしながら食べて。

やる気TIPS

ニラなどの熱の通りやすい食材は、レンジ加熱後に余熱で熱を通してもOK。

No.055 鶏のマヨポン蒸し

1人分

容器に鶏もも肉1枚250g(一口大に切る)、マヨ・ポン酢各大1、おろしにんにく・おろししょうが各小1を入れて混ぜ、ラップをして3分チン。混ぜて再び3分チン。

POINT! 最後に黒こしょうを多めにふるとスパイシーになっておすすめ。

No.056 レンジで鶏の卵とじ煮

1人分

A 醤油・オイスターソース・みりん各小2、砂糖小1

1 容器にAを入れて混ぜ、鶏もも肉1枚250g(一口大に切る)を加え、ラップをして5分チン。

2 溶き卵1個分を回しかけ、再び1分チン。

POINT! 好みで刻みねぎをたっぷりかけてどうぞ。

No.057 鶏ももとれんこんの中華あえ

1人分

A 焼き肉のたれ大1½、オイスターソース小2、おろしにんにく・おろししょうが各小1

容器に鶏もも肉1枚250g(一口大に切る)、れんこん80g(薄い半月切り)、Aを入れてあえ、ラップをして3分チン。混ぜて再び3分チン。ごま油小1をかける。

POINT! れんこんは薄めに切ってほどよい火の通り具合に。好みで白ごまをふって。

No.058 鶏ももの うまケチャップ煮

1人分

A ケチャップ大2、オイスターソース・ソース各大1、はちみつ小2

1 容器に**A**を入れて混ぜ、**鶏もも肉1枚250g**(一口大に切る)を加え、ラップをして4分チン。

2 よく混ぜ、再び2分チン。

POINT! ケチャップとソースのダブル使いで複雑な味わいに。ドライパセリをふっても。

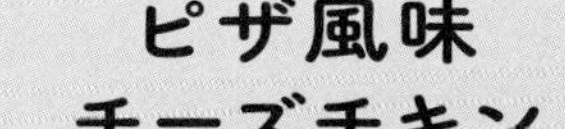

No.059 ピザ風味 チーズチキン

1人分

A ケチャップ・マヨ各大1、ソース小2、オリーブ油小1

1 容器に**A**を入れて混ぜ、**鶏もも肉1枚250g**(一口大に切る)、**ピーマン1個**(輪切り)、**コーン**(水煮)**30g**を加えて混ぜる。

2 ラップをして4分チン。混ぜて**ピザ用チーズ50g**を加え、再び2分チン。

POINT! チンしたらよく混ぜて加熱ムラをなくして。好みでドライパセリを。

No.060 味噌バターチキン

1人分

A 酒大1、麺つゆ・みりん・砂糖・味噌・おろしにんにく各小1

容器に**鶏もも肉1枚250g**(一口大に切る)と**A**を入れてあえ、ラップをして3分チン。混ぜて再び2分チン。**バター10g**をのせる。

POINT! 途中で混ぜることで加熱ムラを防ぐ。好みで黒こしょうと刻みねぎをふって。

やる気TIPS
ポン酢がない場合は、醤油+レモン汁、もしくは醤油+酢+みりんで代用しても。

No.061 簡単スパイシーチキン

1人分

容器に鶏もも肉1枚250g(一口大に切る)、顆粒コンソメ小1、花椒・黒こしょう各少々を入れて混ぜ、ラップをして4分チン。上下を返して再び4分チン。マヨ適量をかける。

花椒でぐっと本格的な中華風に。仕上げにドライパセリをふっても。

No.062 鶏マヨチリ

1人分

1 容器に鶏もも肉200g(一口大に切る)、玉ねぎ¼個(薄切り)、ケチャップ大2、焼き肉のたれ小2、豆板醤・おろしにんにく各小1を入れて混ぜ、ラップをして7分チン。

2 マヨ大2、ごま油小1を加えて混ぜ、粉チーズ適量をふる。

仕上げにドライパセリをふっても◎。

No.063 タルタルチキン

1人分

1 容器に鶏もも肉1枚250g(フォークで数か所刺す)、焼き肉のたれ大2、片栗粉・おろしにんにく各小1を入れてからめ、ラップをして3分チン。肉を返して再び1分チンし、1.5cm幅に切る。

2 ゆで卵1個(つぶす)、たくあん適量(みじん切り)、マヨ大3、塩・こしょう各適量を混ぜ、1にかける。

たくあんを入れることで食感と酸味をプラス。ドライパセリをふっても。

No. 064

チキンケチャップ

むね肉が
ごちそうに

6分

1人分

A ケチャップ大4、マヨ・オリーブ油各大1、片栗粉大2、塩ひとつまみ、黒こしょう適量

1 容器に**A**を入れて混ぜ、**鶏むね肉1枚250g**(一口大に切る)を加え、ラップをして3分チン。

2 混ぜて再び3分チン。**貝割れ大根適量**をのせる。

片栗粉を加えると肉とからみやすく、とろみのあるたれに。

No. 065

よだれ鶏のユッケ風

1人分

1 容器に**鶏むね肉1枚250g**(一口大に切る)、**酒大1**を入れて混ぜ、ラップをして4分半チン。

2 粗熱を取り、**麺つゆ大1**、**ごま油小1**、**おろしにんにく・おろししょうが各小½**を加えて混ぜる。**卵黄1個分**をのせ、**長ねぎ**(小口切り)・**白ごま各適量**を散らし、**ラー油小1**をかける。

鶏肉に酒をしっかりもみ混ぜるとしっとり仕上がる。

ジューシー手羽先

1人分

容器に**手羽先4本**(フォークで数か所刺す)、**醤油大1½**、**みりん大1**、**砂糖小2**を入れてあえ、10分漬ける。ラップをして7分チン。

調味料に漬けて味をしみ込ませる。黒こしょうや刻みねぎをふるのも◎。

やる気TIPS

トマトや香辛料を使ったチリソースは、ケチャップ＋豆板醤などで代用可能。

No.067 簡単しぐれ煮

1人分

容器に牛こま肉100g、醤油・酒各大1、砂糖小2、おろししょうが小1½、顆粒だし小1を入れて混ぜ、ラップをして3分チン。

POINT! 刻みねぎで彩りをプラスしても。

No.068 牛肉のプルコギ

1人分

A 醤油・オイスターソース・酒・コチュジャン各大1、砂糖小2、おろしにんにく小1

1 容器に牛こま肉200g、にんじん¼本(細切り)、Aを入れて混ぜ、ラップをして3分チン。

2 キャベツ1枚(小さめに切る)、玉ねぎ¼個(薄切り)、もやし⅓袋65〜70g、ごま油大1を加え、ラップをして3分チン。

POINT! 野菜は時間差で加熱し、それぞれほどよい火の通りに。好みで七味唐辛子や白ごまを。

No.069 簡単チンジャオロース

1人分

1 容器に牛薄切り肉200g(細切り)、たけのこ(水煮)50g(細切り)を入れ、ラップをして4分チン。

2 ピーマン1個(細切り)、焼き肉のたれ大1、ごま油小2、おろしにんにく小1を加えて混ぜ、ラップをして2分チン。

POINT! 白ごまをたっぷりふるのもおすすめ。

No.070
ビッグミートボール

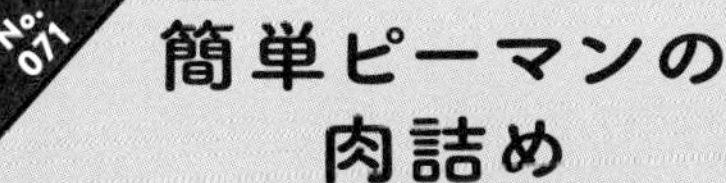

1人分

1 ボウルに合いびき肉200g、玉ねぎ¼個(みじん切り)、パン粉大4、牛乳・マヨ各大2、顆粒コンソメ小½を入れて練り混ぜ、丸く成形する。

2 容器に1を入れ、ラップをして5分チン。ケチャップ大2、ソース大1を加えてからめ、ラップをして3分チン。

POINT! 大きめに成形するとふっくら仕上がる。ソースも一緒に加熱して煮込み風に。

No.071
簡単ピーマンの肉詰め

1〜2人分

A 片栗粉大1、酒小1、塩少々、黒こしょう適量

1 合いびき肉200gとAを混ぜ、ピーマン3個(縦半分に切って種を除く)に均等に詰める。

2 容器に1を入れ、ラップをして6分チン。そのまま1分おく。

3 別の容器にケチャップ・焼き肉のたれ各大2、おろしにんにく小1を入れて混ぜ、ラップをして1分チン。2にかける。

POINT! 肉詰めは加熱後1分おいて余熱で完全に火を通す。好みでマヨネーズをかけても。

No.072
ひき肉と豆腐の甘辛煮

1人分

1 容器に合いびき肉100g、豆腐½丁150g(一口大に切る)、焼き肉のたれ大1、コチュジャン小2、おろししょうが小1を入れて混ぜ、ラップをして4分チン。

2 ニラ¼束(5cm長さに切る)、ごま油小2を加え、ラップをして1分チン。

POINT! 豆腐は崩れないようにそっと混ぜて。ニラはすぐ火が通るので最後にチン。

やる気TIPS
コチュジャンはもち米麹や唐辛子などを使用した発酵調味料で、甘辛い味が特徴。

No.073 甘酢鶏つくね

1〜2人分

A | 水・ケチャップ各大2、みりん大1、酢小2、醤油小1

1 鶏ひき肉200g、小麦粉大2を混ぜ、一口大に丸める。

2 容器にAを入れて混ぜ、ラップをして3分チン。1を加えてからめ、ラップをして2分チン。

POINT! 成形はきれいに丸めなくてもOK。好みで白ごまをふっても。

No.074 チキンミートローフ

1〜2人分

1 鶏ひき肉200g、卵1個、玉ねぎ¼個(みじん切り)、にんじん¼本(みじん切り)、バター10g(溶かす)、味噌大1、片栗粉小2、焼き肉のたれ小1を混ぜる。

2 ラップを広げて1をのせ、かまぼこ状に整えながら包み、7分チン。1cm幅に切り、ケチャップ適量をかける。

POINT! 肉だねを混ぜたら、ラップでしっかり包んで細長く形を整えて。

No.075 ウインナーピザポテト

1人分

1 容器にじゃがいも2個(皮をむいて一口大に切る)、ウインナー5本(斜め切り)、オリーブ油大1、塩・こしょう各適量を入れて混ぜ、ラップをして4分チン。

2 ケチャップ大1、ソース小2を加えてからめ、ピザ用チーズ適量をかけ、ラップをして1分チン。

POINT! ドライパセリをふると見た目も◎。

No.076 鮭のバター蒸し

1人分

容器に鮭1切れ150gを入れて塩適量をふり、バター20gを加え、ラップをして3分チン。マヨ適量をかける。

POINT! 塩鮭を使う場合は、塩はふらなくてOK。好みでレモンを添えて。

No.077 さばのラタトゥイユ

1人分

A | ケチャップ大1、顆粒コンソメ・砂糖・小麦粉各小1、水大3

容器にさば(切り身)1切れ150g(一口大に切る)、なす¼本(5㎜幅の輪切り)、ミニトマト5個(へタを取る)、玉ねぎ¼個(薄切り)、Aを入れて混ぜ、ラップをして4分チン。

POINT! 好みで黒こしょうやドライパセリをふって。

No.078 白身魚のハニーマスタード煮

1人分

A | マヨ・水各大2、オリーブ油大1、粒マスタード小2、はちみつ・麺つゆ各小1

1 容器に白身魚1切れ150gを入れて塩少々をふり、ラップをして2分チン。

2 Aを混ぜて1にかける。

POINT! あらかじめ魚に塩をふっておくと臭みが取れる。

やる気TIPS
鮭を塩漬けにした塩鮭には、塩分の濃さによって甘口・中辛・辛口などの種類が。

No.079 シーフード マヨチリ

1人分

容器にシーフードミックス(冷凍)100g、ケチャップ・マヨ各大1、酢・豆板醤各小1、砂糖小½を入れて混ぜ、ラップをして3分チン。

POINT! 冷凍シーフードミックスで手軽に。海鮮のうまみが加わって美味。好みで刻みねぎを。

No.080 シーフードミックスでガーリックシュリンプ

1〜2人分

A オリーブ油・酒各大1、おろしにんにく小1½、塩少々

容器にシーフードミックス(冷凍)300g、Aを入れて混ぜ、ラップをして4分チン。

POINT! 仕上げにドライパセリや黒こしょうをふるのもおすすめ。

PART 03

今日は軽めにいきたい!

あっさりおかず

やさしい味つけで、あっさり、さっぱり食べられるメニューを紹介します。
鶏むね肉やささみといったヘルシーな食材や魚介を中心にチョイス。
レンジ加熱はうまみを逃さないので、軽めでも満足感のある味わいです。

No.081 豚バラれんこんのポン酢蒸し

1人分

1 容器にれんこん50g(薄い半月切り)、豚バラ薄切り肉100g(一口大に切る)を入れ、ラップをして5分チン。

2 ポン酢大1、ごま油小1を加えて混ぜる。

POINT! 蒸された豚肉のうまみがれんこんにも行き渡る。好みで刻みねぎや一味唐辛子を。

No.082 大根豚バラ

1人分

A みりん・酒各大2、醤油・白だし・砂糖各大1、顆粒だし小1

1 容器に大根300g(5㎜幅の半月切り)を入れ、ラップをして5分チン。

2 1に豚バラ薄切り肉150g(一口大に切る)、Aを加えて混ぜ、ラップをして3分チン。ごま油小2をかける。

POINT! 大根は薄めに切り、先にチンして火を通す。好みで白ごまをふって。

No.083 豚バラとキャベツの柚子ごま蒸し

1人分

A 塩少々、おろししょうが・おろしにんにく各小½、酒大1

B ポン酢大2、白すりごま大1、麺つゆ小1、砂糖・柚子こしょう各小½

容器にキャベツ2枚(細切り)、豚バラ薄切り肉200g(一口大に切る)、Aを入れて混ぜ、ラップをして4分チン。混ぜたBをかける。

POINT! 柚子こしょうはチューブを使って手軽に。

No.084 豚バラえのき煮

5分

さっぱり食べられる

1人分

A | 麺つゆ大1、ごま油・顆粒だし・酢各小1

1 容器に豚バラ薄切り肉200g(一口大に切る)を入れて塩・こしょう各少々をふり、えのき½袋(根元を切り落として長さを半分に切る)を加え、ラップをして4分チン。

2 混ぜたAを1に加えてからめ、再び1分チン。

POINT! 豚肉の下味つけも容器の中で。もみのりや貝割れ大根をのせると見た目もgood。

No.085 豚バラとなすのレンジ蒸し

1人分

容器に豚バラ薄切り肉200g(一口大に切る)、なす1本(薄い斜め切り)、ポン酢・ごま油各大1、顆粒だし小1を入れて混ぜ、ラップをして2分チン。混ぜて再び2分チン。

POINT! なすは変色するので使う直前に切って。白ごまをふるのもおすすめ。

No.086 豚バラとエリンギのクリーム煮

1人分

1 容器に豚バラ薄切り肉200g(一口大に切る)、エリンギ1本(縦に薄切り)、水50mℓを入れ、ラップをして5分チン。

2 顆粒コンソメ小1、牛乳150mℓを加えて軽く混ぜ、ラップをして1分チン。

POINT! 牛乳は噴きこぼれやすいので時間差で加える。ドライパセリや黒こしょうをふっても。

やる気TIPS

なすは水にさらすことで変色を防げますが、すぐに使う場合は省略してもOK。

No.087 豚肉のうま辛豆腐

1人分

A | 醤油・酒各大1、砂糖・ごま油各小1

容器に豆腐½丁150g(一口大に切る)、豚バラ薄切り肉100g(一口大に切る)、混ぜたAを入れ、ラップをして5分チン。

POINT! 豆腐の種類はお好みでどうぞ。白ごまや刻みねぎをかけても。

No.088 豚キャベポン酢

1人分

1. 豚バラ薄切り肉200gに鶏ガラの素小½、こしょう適量をもみ込む。
2. 1を広げ、キャベツ2枚(せん切り)を均等にのせて巻き、容器に入れる。
3. ラップをして5分チン。ポン酢大1をかける。

POINT! 豚肉は鶏ガラの素とこしょうで下味をつけて。好みで白ごまをふっても。

No.089 豚バラと厚揚げのうまポン煮

1人分

容器に豚バラ薄切り肉150g(一口大に切る)、厚揚げ100g(一口大に切る)、ポン酢大1、おろししょうが・顆粒だし各小1を入れ、ラップをして5分チン。ラー油小1を回しかける。

POINT! 加熱後によく混ぜて。彩りが欲しければ、刻みねぎを散らすのもおすすめ。

No.090 炒めない肉野菜炒め

ほどよい食感に!

1人分

1 容器に豚こま肉100g、キャベツ1枚(ざく切り)、ピーマン2個(細切り)、もやし30g、酒大1、塩・こしょう各少々を入れ、ラップをして3分チン。

2 鶏ガラの素小2、ごま油小1を加えて混ぜ、ラップをして2分チン。

仕上げに白ごまをふるのもおすすめ。

No.091 豚ニラおろしポン酢

大根おろしと豚肉がマッチ

1人分

A | ポン酢・酒各大1、醤油・砂糖・顆粒だし各小1

1 容器に豚こま肉200g、Aを入れて混ぜ、ラップをして3分チン。

2 もやし½袋100g、ニラ¼束(5cm長さに切る)を加え、ラップをして2分チン。大根おろし適量をのせる。

野菜は時間差で加えて食感を残す。仕上げに刻みねぎを散らしても。

No.092 豚こまキャベツの酒蒸し

たっぷりキャベツで

1人分

1 容器に豚こま肉200g、酒大2、みりん大1、醤油小1を入れて混ぜ、ラップをして4分チン。

2 キャベツ2～3枚(ちぎる)を加え、ラップをして1分半チン。

キャベツは最後に加えて食感を残す。刻みねぎを散らすのもおすすめ。

ニラは根元が一番味と香りが強いので、乾いている部分を少し切り落とせばOK。

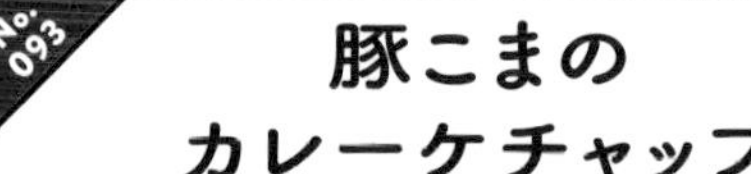

No.093 豚こまのカレーケチャップ

1人分

1 容器に豚こま肉200g、ケチャップ大2、ソース大1、カレー粉小1を入れて混ぜ、ラップをして2分チン。

2 1に玉ねぎ¼個(薄切り)、おろししょうが小1を加えて混ぜ、ラップをして3分チン。

POINT! ドライパセリをふると見た目がgood。

No.094 豚とレタスのピリ辛しゃぶしゃぶ

1人分

A 酒大1、おろしにんにく・おろししょうが各小1、塩少々

B ごまドレッシング(市販)大1、ごま油・麺つゆ各小1、白ごま適量

1 容器に豚こま肉150gとAを入れて混ぜ、ラップをして5分チン。Bを加えて混ぜる。

2 器にレタス2～3枚(適当な大きさにちぎる)を敷いて1を盛り、ラー油・七味唐辛子各適量をかける。

POINT! ラー油と七味のダブル使いでピリ辛味に。レタスと一緒にどうぞ。

No.095 水菜と豚こま肉のしゃぶしゃぶ風

1人分

1 容器に豚こま肉200g、酒大1、おろししょうが小1、塩少々を入れて混ぜ、ラップをして5分チン。

2 水菜¼束(2cm幅に切る)、ごまドレッシング(市販)大2、ごま油小1、白ごま適量を加えてあえる。

POINT! 水菜は生のまま加えてシャキシャキ感を生かして。

No.096 豚こま貝割れのさっぱり蒸し

1人分

容器に豚こま肉150g、ポン酢大1、ごま油小1を入れて混ぜ、ラップをして5分チン。貝割れ大根適量をのせる。

貝割れ大根を混ぜながら食べて。好みで白ごまをふっても。

5分

最小限の調味料で完成!

No.097 きゅうりと豚肉のさっぱりごま味噌あえ

4分

味わい豊か!

1人分

A | 醤油・酢・白すりごま各大1、砂糖・味噌各小2

1. 容器に豚こま肉200g、酒大1、おろししょうが小1、塩少々を入れて混ぜ、ラップをして4分チン。粗熱を取る。
2. 袋に1、きゅうり1本(細切り)、**A**を入れてよく混ぜ、10分おく。

調味料を混ぜたら少し時間をおいて味をなじませる。

No.098 なすと豚肉の香味しゃぶ

5分

青じそは必須!

1人分

A | 鶏ガラの素小½、麺つゆ大2、ごま油・砂糖各小1

容器に豚ロース薄切り肉200g、なす1本(薄い輪切り)、**A**を入れて混ぜ、ラップをして4分チン。混ぜて再び1分チン。青じそ1枚(細切り)をのせる。

好みで刻みねぎや白ごまをふっても◎。

やる気TIPS

味噌は、風味を損なわないために冷蔵(または冷凍)で保存するのがおすすめ。

No. 099 豚バラ大根のポン酢ごまあえ

1人分

A ポン酢大2、麺つゆ大1、ごま油・おろしにんにく・砂糖各小1

容器に大根150g(5㎜幅の半月切り)、豚バラ焼き肉用肉100g、Aを入れて混ぜ、ラップをして5分チン。混ぜて再び2分チン。

大根は火が通りやすいよう薄めに切って。仕上げに刻みねぎを散らしても。

No. 100 鶏塩うま豆腐

1人分

A 鶏ガラの素・おろしにんにく各小1、塩少々、黒こしょう適量

1. **鶏もも肉1/2枚150g(一口大に切る)にAをもみ込む。**
2. **容器に豆腐1/2丁150g(6等分に切る)を入れて1をのせ、ラップをして5分チン。**
3. **鶏肉を返し、ラップをして3分チン。**

鶏肉は途中で裏返すことで加熱ムラを防げる。最後に刻みねぎをのせても。

6分
漬けて
チンするだけ!

No. 101 レンジでタンドリーチキン

1〜2人分

A ヨーグルト大2、カレー粉・ケチャップ・おろしにんにく・はちみつ各小1、塩・こしょう各適量

容器に鶏もも肉200gを入れてAをもみ込み、30分おく。ラップをして6分チンし、3等分に切る。

スパイシーなカレー粉にヨーグルトでまろやかさをプラス。好みでドライパセリを。

No.102 チキンポテトシチュー

鍋を使わず簡単！

10分

1人分

A 牛乳・水各150㎖、バター10g、シチュールウ2片

容器に鶏もも肉100g(一口大に切る)、じゃがいも1個(皮をむいて一口大に切る)、にんじん½本(乱切り)、**A**を入れて混ぜ、ラップをして10分チン。

加熱後よく混ぜてルウをなじませて。ドライパセリをふっても。

お財布にもやさしい

5分

No.103 鶏ともやしのカレー煮

1人分

1. 容器に鶏もも肉200g(一口大に切る)、醤油小1、鶏ガラの素小½を入れて混ぜ、ラップをして3分チン。
2. 1にもやし½袋100g、カレー粉小1を加え、ラップをして2分チン。

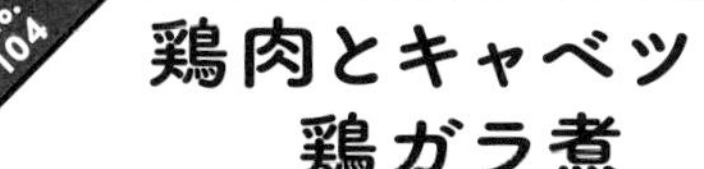

POINT! もやしは時間差で加熱して食感を残す。刻みねぎをのせると見栄えもgood。

鶏の味がじんわり

5分

No.104 鶏肉とキャベツの鶏ガラ煮

1人分

1. 容器に鶏もも肉½枚150g(一口大に切る)、酒小2を入れて混ぜ、ラップをして3分チン。
2. 1にキャベツ2～3枚(食べやすい大きさに切る)、水100㎖、鶏ガラの素・おろしにんにく各小1を加えて混ぜ、ラップをして2分チン。

POINT! 鶏肉は酒とともに蒸してうまみを出す。にんにく風味でやみつき感UP。

やる気TIPS

ヨーグルトには魚の生臭さを消す、肉を柔らかくりるなどの役割が期待できます。

No.105 鶏ときのこのポン酢蒸し

1人分

1 容器に鶏もも肉½枚150g(一口大に切る)を入れ、ラップをして3分チン。

2 1にしめじ½袋(ほぐす)、ポン酢大1、酒小1を加え、ラップをして2分チン。

POINT! しめじ以外でも、好みのきのこでOK。刻みねぎで彩りをプラスしても。

No.106 鶏もも肉のペッパーキャベツ

1人分

1 容器に鶏もも肉½枚150g(一口大に切る)を入れ、ラップをして3分チン。

2 1にキャベツ1～2枚(ちぎる)、塩小¼、黒こしょう適量を加え、ラップをして2分チン。レモン汁小1をかける。

POINT! 黒こしょうはたっぷりどうぞ。レモン汁は風味がとばないよう最後に加えて。

No.107 鶏ももチーズのレンジ蒸し

1人分

1 容器に鶏もも肉½枚150g(一口大に切る)、オリーブ油・おろしにんにく各小1を入れて混ぜ、ラップをして3分チン。混ぜて再び3分チン。

2 塩少々、黒こしょう適量をふり、粉チーズ適量をかける。

POINT! 味つけがシンプルなので粉チーズはたっぷりふって。好みでドライパセリを。

No.108 むね肉の照りうまおろしチキン

パサつかず、絶品!

1人分

A 醤油大1、酒・みりん各小2、砂糖・顆粒だし各小1、おろしにんにく小½

1 袋に鶏むね肉1枚250g(フォークで数か所刺す)、**A**を入れてもみ込み、30分おく。

2 容器に1を入れ、ラップをして5分チン。返して再び3分チン。一口大に切り、大根おろし適量をのせる。

POINT! 調味料をもみ込み、味をしみ込ませる。刻みねぎをたっぷりのせるのもおすすめ。

No.109 鶏むね南蛮漬け

ご飯に合う甘酢味

1人分

A 麺つゆ大2、みりん大1、砂糖小2、酢・赤唐辛子(輪切り)・白ごま各適量

1 容器に鶏むね肉1枚250g(一口大に切る)、酒大1、鶏ガラの素小1を入れて混ぜ、ラップをして4分チン。

2 1に**A**を加えて混ぜ、ラップをして2分チン。

POINT! むね肉もレンジでしっとり、柔らかく。

No.110 レンジ蒸し鶏

ニラの香りが食欲をそそる!

1人分

1 容器に鶏むね肉1枚250g(一口大に切る)、酒大1、おろししょうが・おろしにんにく各小1を入れて混ぜ、ラップをして3分チン。

2 ニラ¼束(3cm長さに切る)、醤油・オイスターソース各大1、酢・砂糖各小2を加えて混ぜ、ラップをして3分チン。

POINT! ニラは軽く熱を通す程度でOK。好みで七味唐辛子をふってどうぞ。

やる気TIPS
大根おろしはお腹にやさしいので、胃腸が弱っているときは積極的に使って。

No.111 蒸し鶏のポン酢しょうが

1人分

1 容器に鶏むね肉1枚250g(一口大に切る)、酒大1、塩少々を入れて混ぜ、ラップをして5分チン。

2 ポン酢大1、おろししょうが小1を加えてからめる。

POINT! 好みで刻みねぎや貝割れ大根をのせて。

No.112 ささみのスティックポン酢蒸し

1人分

A ポン酢大2、マヨ・水各大1、顆粒だし・砂糖・片栗粉各小1

1 容器に鶏ささみ200g(棒状に切る)、Aを入れて混ぜ、10分おく。

2 ラップをして3分チン。返して再び2分チン。

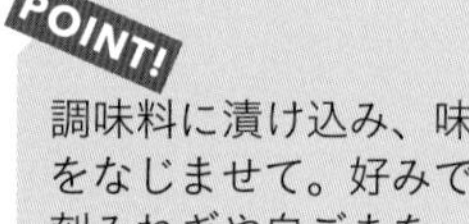

調味料に漬け込み、味をなじませて。好みで刻みねぎや白ごまを。

No.113 ピリ辛ささみよだれ鶏

1人分

1 容器に鶏ささみ200g(小さめに切る)、酒大1、鶏ガラの素小½、塩少々を入れてもみ込み、ラップをして4分チン。粗熱を取る。

2 長ねぎ10cm(小口切り)、麺つゆ大1、酢小1、ラー油小½を混ぜ、1にかける。

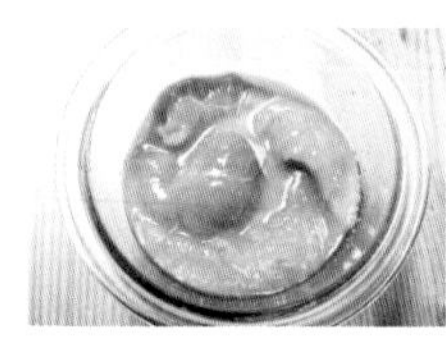

POINT! たれは食べる直前にかけて。好みで白ごまをふっても。

No.114

ヘルシーバンバンジー

1人分

1. 容器に鶏ささみ200g、おろししょうが小1、酒大1を入れて混ぜ、ラップをして4分チン。粗熱を取り、一口大にほぐす。
2. ごまドレッシング(市販)大2、ごま油小1、ラー油適量を混ぜる。
3. 器に1ときゅうり適量(細切り)を盛り、2をかける。

市販のごまドレッシングを使えば、たれを作るのも簡単。

No.115

ささみの中華風サラダ

1人分

A | 麺つゆ大2、酢・ごま油各大1、白ごま適量

1. 容器に鶏ささみ200g(小さめに切る)、酒・おろししょうが各小1、鶏ガラの素小½、もやし½袋100gを入れて混ぜ、ラップをして3分チン。粗熱を取る。
2. **A**、きゅうり½本(棒状に切る)を混ぜ、1に加えてあえる。

きゅうりはささみを冷ましてから加える。冷蔵庫で冷やしても◎。

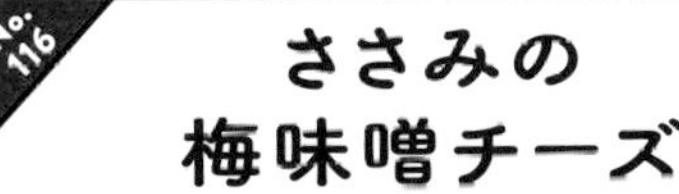

No.116

ささみの梅味噌チーズ

1人分

1. 容器に鶏ささみ200g(フォークで数か所刺し、3等分に切る)、酒・味噌各大1、おろししょうが小1、梅干し2個(種を取って刻む)を入れ、ラップをして3分チン。
2. ピザ用チーズ30gを加え、ラップをして1分チン。

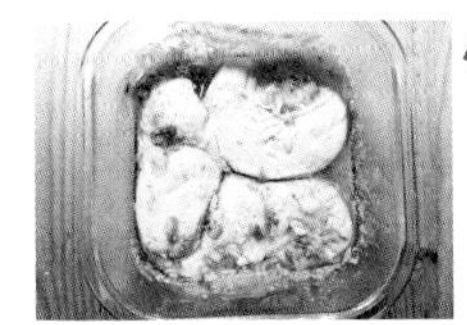

調味料は混ぜ合わせ、味噌を溶かしてから加えるとダマにならない。

ささみは糖質が低めなので、ダイエットにぴったりの食材です。使い勝手も◎。

No.117 ささみの食べるラー油蒸し

1人分

1 容器に鶏ささみ200g(フォークで数か所刺す)、酒大1、おろししょうが小1を入れて混ぜ、ラップをして3分チン。粗熱を取り、一口大にほぐす。

2 塩昆布・食べるラー油(市販)各大1を加えてあえる。

POINT! 市販の食べるラー油であえるだけで、ぐっと本格的な味に。

No.118 ささみのレモン味噌チーズ蒸し

1人分

1 容器に鶏ささみ200g(一口大に切る)、酒・味噌各大1、おろししょうが小1を入れて混ぜ、ラップをして3分チン。

2 1にピザ用チーズ適量をかけ、ラップをして1分チン。レモン汁適量をかける。

POINT! 風味がとばないようレモン汁は加熱後にかけて。刻みねぎを散らすのもおすすめ。

No.119 ささみとじゃがいものオリーブオイル煮

1人分

1 容器にじゃがいも2個(皮をむいて一口大に切る)を入れ、ラップをして5分チン。

2 1に鶏ささみ100g(一口大に切る)、オリーブ油大3、おろしにんにく・おろししょうが各小1を加えて混ぜ、ラップをして3分チン。

POINT! じゃがいもに火を通してから残りを加える。好みで黒こしょうを。

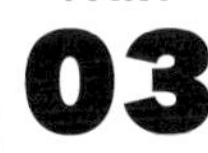

6分

味がしみしみ!

No.120

手羽元のポン酢煮

1人分

A ポン酢・水各50㎖、顆粒だし・おろしにんにく・おろししょうが各小1

容器に手羽元4本(フォークで数か所刺す)、Aを入れ、ラップをして4分チン。肉を返して再び2分チン。

手羽元はフォークで穴をあけると味がよくしみる。

No.121

手羽元の麺つゆ煮

1人分

A 麺つゆ大3、酢大1、砂糖小2、おろししょうが・おろしにんにく・顆粒だし各小1

容器にAを入れて混ぜ、手羽元4本(フォークで数か所刺す)を加えてからめ、ラップをして4分チン。

調味料をよくからめてからチン。刻みねぎを散らしても。

手羽元、手羽中、手羽先は肉の量やうまみの出方も違うので、料理で使い分けて。

No.122 牛肉と玉ねぎの甘辛ポン酢煮

1人分

容器に牛こま肉200g、玉ねぎ½個(薄切り)、醤油・砂糖各大1、顆粒だし小1を入れ、ラップをして3分チン。混ぜてポン酢大1を加え、再び2分チン。

POINT! ポン酢を加えるときに全体を混ぜ、加熱ムラを防ぐ。

No.123 牛こまみぞれ煮

1人分

A 醤油大2、酒大1、みりん・砂糖各小2、おろししょうが・顆粒だし各小1

容器に牛こま肉200g、**A**を入れて混ぜ、ラップをして4分チン。大根おろし80gを加えて混ぜる。

POINT! 仕上げに刻みねぎや白ごまをふっても。

No.124 牛肉とごぼうのきんぴら

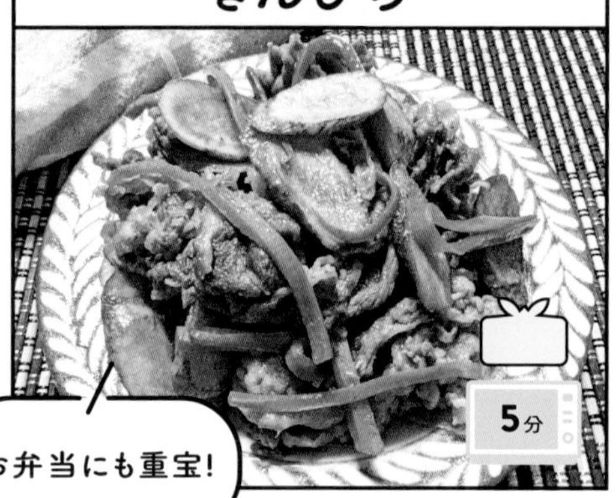

1人分

A 醤油・みりん各大1、砂糖小2、顆粒だし・おろししょうが各小1

1 ごぼう¼本(皮つきのまま斜め薄切り)は10分水にさらし、水気をきる。

2 容器に牛こま肉200g、にんじん¼本(細切り)、1、**A**を入れて混ぜ、ラップをして5分チン。ごま油小1を加えてあえる。

POINT! ごぼうは皮つきで使うと食感も風味も◎。水につけてアク抜きをしてから加えて。

No.125 牛肉と玉ねぎの甘辛煮

1人分

A 醤油・みりん各大1、砂糖小2、顆粒だし・白だし各小1

容器にAを入れてよく混ぜ、牛こま肉200g、玉ねぎ½個(薄切り)を加え、ラップをして4分チン。

POINT! 加熱後よく混ぜてから盛って。刻みねぎをふると見た目もgood。

No.126 牛肉ともやしのバター蒸し

1人分

1. **容器にもやし½袋100g、牛薄切り肉200g(一口大に切る)、塩小¼を入れ、ラップをして4分チン。**
2. **1の汁気をきって器に盛り、バター10gをのせる。**

POINT! バターは余熱で溶かして混ぜながら食べて。好みで白ごまをふっても◎。

No.127 絶品牛すじ煮

1人分

A 醤油大1、酒・砂糖・みりん各小2、白だし・おろししょうが各小1、顆粒だし小½、水100㎖

1. **容器にAを入れて混ぜ、牛すじ肉150gを加えてからめ、ラップをして4分チン。**
2. **長ねぎ½本(斜め薄切り)を加えて混ぜる。**

POINT! 白だしと顆粒だしのダブル使いでうまみ充分。好みで刻みねぎ、一味唐辛子を。

やる気TIPS

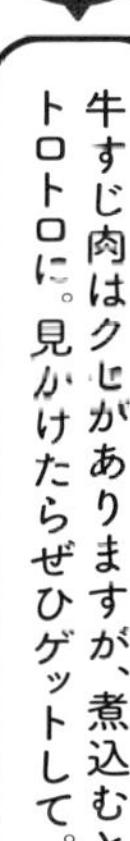

No.128 あっさり塩昆布麻婆豆腐

1人分

A 麺つゆ小2、鶏ガラの素・おろしにんにく・おろししょうが各小1、水100mℓ

1 容器に合いびき肉100g、豆腐½丁150g(一口大に切る)、**A**を入れて混ぜ、ラップをして3分半チン。

2 1に水溶き片栗粉(水大1、片栗粉大2)を加えて混ぜ、ラップをして1分半チン。塩昆布大1を混ぜる。

POINT! 豆腐の種類はお好みで。七味唐辛子を加えて少し辛味を足しても。

No.129 レンジで簡単麻婆なす

1人分

A 水大2、焼き肉のたれ大1½、おろしにんにく・ごま油・オイスターソース・砂糖・豆板醤・片栗粉各小1、七味唐辛子適量

容器になす½本(5㎜幅の斜め切り)、合いびき肉150g、**A**を入れて混ぜ、ラップをして4分チン。

POINT! 辛味は豆板醤や七味の量で調節を。好みで刻みねぎをふってどうぞ。

No.130 豆腐ハンバーグ

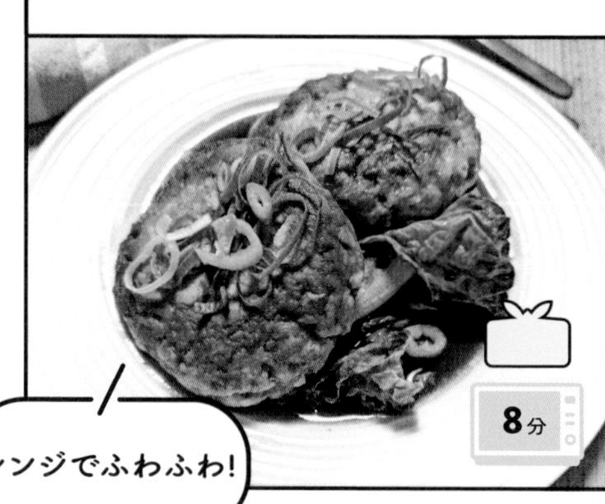

1〜2人分

A 麺つゆ大1、おろししょうが・片栗粉各小1、塩・こしょう各適量

1 豆腐½丁150gをペーパータオルに包んで容器に入れ、ラップなしで2分チン。ペーパーを取り、水気をきって粗熱を取る。

2 1に豚ひき肉200g、刻みねぎ適量、パン粉大4、**A**を加えてこねる。2等分にして丸める。

3 ラップをして4分チン。ポン酢大2を加えてからめ、ラップをして2分チン。

POINT! 豆腐を加えるとふんわり食感に。仕上げにも刻みねぎをふると◎。

No.131 さっぱり鶏団子蒸し

1～2人分

容器に鶏団子(市販)9～10個、ポン酢大1½を入れてからめ、ラップをして2分チン。おろししょうが小1を加え、再び2分チン。

POINT! 鍋用など市販の鶏団子を使えば簡単。好みで刻みねぎをのせて。

No.132 ポン酢焼売

1人分

A | ポン酢・片栗粉各大1、オイスターソース小1、鶏ガラの素小⅓

容器に焼売(市販)10個、Aを入れてからめる。ラップをして3分チン。

POINT! オイスターソースとポン酢で複雑な味わいに。好みで刻みねぎを。

No.133 鶏ガラ水餃子

1人分

A | 水200㎖、鶏ガラの素・ごま油・麺つゆ各小1

容器にAを入れて混ぜ、チルド餃子(市販)6個を加え、ラップをして3分チン。

POINT! 好みで白ごまや刻みねぎをふってどうぞ。

やる気TIPS
塩昆布はあえものだけでなく、炒め物や蒸し物、焼き料理など幅広く使えて便利。

No.134 さば缶でトマト煮込み

1人分

1 容器にさば缶(水煮)1個150g、カットトマト缶½個200g、玉ねぎ¼個(薄切り)、麺つゆ大1、おろしにんにく小1を入れ、ラップをして4分チン。

2 バター10g、カレー粉小¼を加えて混ぜる。

POINT! さば缶は缶汁ごと加えてうまみを残さず利用。仕上げにドライパセリをふっても。

No.135 さば缶と玉ねぎのさっぱりはちみつあえ

1人分

1 容器にさば缶(水煮)1個150g、玉ねぎ¼個(薄切り)を入れ、ラップをして1分半チン。

2 酢大1、はちみつ・白だし各小2、ごま油小1を回しかけ、あえる。

POINT! はちみつでほんのりやさしい甘みに。仕上げに白ごまをふっても。

No.136 さばの麺つゆバター蒸し

1人分

A | バター10g、麺つゆ大1、レモン汁小2、酒小1

1 さば(切り身)1切れ150g(半分に切る)は洗ってペーパータオルで水気をふき取る。

2 容器に1とAを入れ、ラップをして2分チン。返して再び2分チン。バター10gをのせる。

POINT! 追いバターは余熱で溶かして。彩りに刻みねぎをのせても。

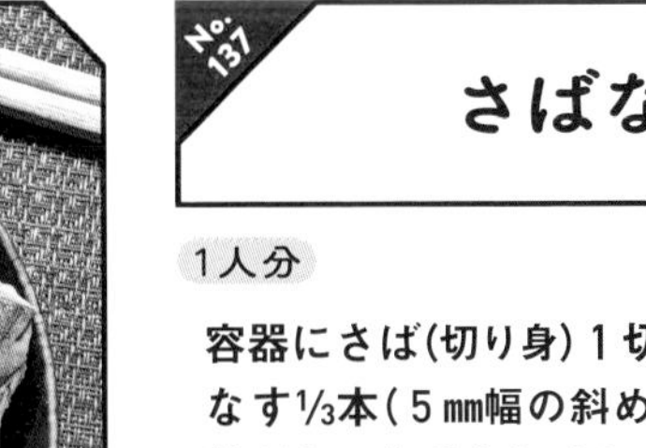

No.137 さばなす煮

1人分

容器にさば(切り身)1切れ150g(一口大に切る)、なす1/3本(5㎜幅の斜め切り)、鶏ガラの素・顆粒だし・おろしにんにく各小1を入れて混ぜ、ラップをして3分チン。ごま油小2を加えて混ぜる。

仕上げにごま油を混ぜて風味をアップ。好みで七味唐辛子を。

3分

No.138 カレイのみぞれ煮

大根おろしでさっぱり!

1人分

A | 水大3、みりん大1、砂糖・醤油各小2、白だし・おろししょうが各小1、顆粒だし小1/2

1. 容器にAを入れて混ぜ、カレイ1切れ100gを加え、ラップをして2分チン。返して再び2分チン。
2. 大根おろし30gを加えてあえる。

調理が難しいイメージのカレイもレンチンで簡単に。好みで刻みねぎやレモンを。

No.139 いわしの梅みぞれ煮

1人分

1. 容器にいわし缶(水煮)1個150g、麺つゆ小1、酢小1/2を入れて混ぜ、ラップをして1分半チン。
2. 1に大根おろし30gと梅干し2個(種を取って刻む)を加えて混ぜる。

POINT!

刻みねぎやレモン、青じそを添えるのもおすすめ。

やる気TIPS

缶詰はツナやさば以外にもいろんな種類が。普段のごはんにもっと活用してみて。

No.140 白身魚とピーマンの卵とじ

1人分

1 容器に白身魚1切れ150g(一口大に切る)、ピーマン½個(細切り)を入れ、ラップをして2分チン。

2 別の容器に卵1個、麺つゆ大1、顆粒だし小1を入れて混ぜ、1に回しかけ、ラップをして1分チン。

POINT! 白身魚はタラなど好みのもので。仕上げに刻みねぎをふっても。

No.141 白身魚の洋風蒸し

1人分

1 容器に白身魚1切れ150gを入れて塩適量、おろしにんにく小½をまぶし、ラップをして1分半チン。

2 オリーブ油・レモン汁各小1、バター10gを加え、ラップをして1分チン。

POINT! 塩とにんにくはまんべんなく全体に行き渡らせて。好みで黒こしょうやレモンを。

No.142 鮭とブロッコリーのクリーム煮

子どもも大好き！

3分

1人分

容器に鮭1切れ150g(一口大に切る)、ブロッコリー150g(小房に分ける)、コーン(水煮)30g、牛乳100mℓ、水50mℓ、顆粒コンソメ小1を入れて混ぜ、ラップなしで3分チン。

POINT! 牛乳が噴きこぼれやすいので深めの容器で作る。好みで黒こしょうやドライパセリを。

No.143 鮭と水菜のレモン蒸し

1人分

1 容器に鮭1切れ150g(皮を取ってほぐす)、水菜¼束(3cm幅に切る)、酒大1、おろししょうが小1を入れて混ぜ、ラップをして4分チン。

2 ポン酢小2、レモン汁小1、かつお節適量をかける。

POINT! しょうがを加えてチンすることで鮭の臭み取りに。

No.144 ツナとキャベツの味噌マヨ

1人分

容器にキャベツ2枚(ざく切り)、ツナ缶2個140g(油をきる)、マヨ大2、味噌大1、麺つゆ小1を入れて混ぜ、ラップをして2分チン。白すりごま適量を加えてあえる。

POINT! ツナ缶は常備しておけば時間がないときに便利。

No.145 さっぱり焼きビーフン

1人分

A オイスターソース・ごま油・酢・おろししょうが各小1、水150mℓ

容器にビーフン1袋65g、ちくわ1本(斜め薄切り)、キャベツ1枚(ざく切り)、にんじん¼本(細切り)、Aを入れて混ぜ、ラップをして5分チン。

POINT! 加熱後もしっかり混ぜて。うまみのあるちくわで食べごたえアップ。

やる気TIPS
ビーフンは主に米粉で作られた細長い麺。そうめんや春雨の代わりに使ってみて。

切るだけ、あえるだけレシピ

No.146 ピリ辛ツナきゅうり塩昆布あえ

簡単ご飯のおとも

1～2人分

A 塩昆布大1、ごま油小1、ラー油小½、鶏ガラの素小⅓

きゅうり1本(みじん切り)、**ツナ缶1個70g**(油をきる)、**A**を混ぜる。

塩昆布で手軽にうまみをプラス。白ごまをふっても◎。

No.147 白だしきゅうり

無限に食べられる!

1人分

きゅうり1本(一口大の乱切り)、**白だし小2**、**おろししょうが小½**、**顆粒だし小⅓**を混ぜて30分おく。

少しおくことでよく味がなじむ。好みで白ごまをたっぷりふって。

No.148 居酒屋さんのやみつき塩キャベツ

にんにく風味で箸がすすむ

1～2人分

1. **キャベツ2～3枚**(小さめに切る)に**塩小½**をふって5分おく。
2. **ごま油小2**、**鶏ガラの素小1**、**おろしにんにく小½**、**白ごま適量**を加えて混ぜる。

最初に塩をふることでキャベツがしんなりし、食べやすくなる。

レンジも使わずに、材料を切って、調味料であえるだけ!
ささっと作れるので、おつまみや、あと一品欲しいというときに役立ちます。

No.149 無限ツナ白菜

1〜2人分

A | 麺つゆ大1、ごま油小1、おろしにんにく・顆粒だし各小½、白ごま適量

1 **白菜2〜3枚**(小さめに切る)と**塩小½**を袋に入れてもみ込み、10分おく。

2 水気をきった1、**ツナ缶1個70g**(油をきる)、Aを混ぜる。**もみのり適量**をのせる。

ツナ缶は油をきって加え、水っぽくなるのを防いで。

No.150 トマトごまだれあえ

1人分

ポン酢小2、**ごま油・白すりごま各小1**を混ぜ、**トマト1個**(ざく切り)を加えてあえる。

ポン酢でさっぱり、すりごまで深みのある味わいに。好みで貝割れ大根をのせても。

No.151 にんじんのチーズコンソメあえ

1人分

容器に**にんじん½本**(ピーラーで薄切り)、**オリーブ油小2**、**顆粒コンソメ小1**、**黒こしょう適量**を入れて混ぜ、**粉チーズ適量**をふる。

ピーラーで皮をむくように薄切りにすると食感も◎。

切るだけ、あえるだけレシピ

No.152 マグロの貝割れ塩昆布あえ

1人分

マグロ(刺身用)100g、麺つゆ・塩昆布各大1、おろししょうが・ごま油各小1をあえ、貝割れ大根適量をのせる。

好みでマグロ以外の刺身で作ってもおいしく仕上がる。

ご飯にのっけても美味!

No.153 ぶりのうま辛ごまだれ

1人分

ぶり(刺身用)100g、麺つゆ大1、コチュジャン・ごま油各小1、おろしにんにく・おろししょうが各小½、白すりごま適量を混ぜる。

にんにく&しょうがをきかせて本格的に。刻みねぎをのせても。

コチュジャンでピリ辛!

No.154 たいの中華風ごまカルパッチョ

1人分

たい(刺身用)100g、ごま油・酢各小1、おろしにんにく小½、塩小⅓、白ごま適量を混ぜ、器に盛ってラー油適量をかける。

ラー油の量で辛味を調整。好みで刻みねぎを散らしても。

ごまの香りが広がる

No.155 青じそサーモン漬け

1人分

1 醤油小2、ごま油・コチュジャン各小1、白だし・おろしにんにく・おろししょうが各小½を混ぜる。

2 1にサーモン(刺身用)100g、青じそ5枚、白ごま適量を加えて混ぜ、30分漬ける。

青じそは切らずにそのまま漬ける。食べるときは青じそでサーモンを巻いて。

No.156 サーモンレモンマリネ

1人分

袋にサーモン(刺身用)130g、オリーブ油大1、酢・レモン汁各小1、塩少々を入れてもみ混ぜ、10分漬ける。

袋で漬けると味がなじみやすい。好みで黒こしょうをふり、レモンを添えて。

No.157 生ハムのWチーズカルパッチョ

1人分

1 ベビーチーズ5個を1個ずつ生ハム80gで巻き、器に盛る。

2 オリーブ油大1、レモン汁小1、おろしにんにく小½を混ぜ、1にかけて粉チーズ適量をふる。

生ハムでチーズを覆うようにして巻く。好みで黒こしょうもたっぷりふるとgood。

副菜やおつまみにささっと1品!

サブおかず

あえものなどの野菜を中心としたサブおかずを紹介します。
ひとり分の少量の野菜は、レンジ調理の方が熱の通りが早く、時短に。
副菜としてはもちろん、お酒にも合うので、ぜひレパートリーに加えて。

6分

ふっくら、柔らか

No.158 にんじん照り煮

1人分

1 容器ににんじん½本(1㎝幅の輪切り)を入れ、ラップをして4分チン。

2 醤油大1½、みりん大1、砂糖小2、顆粒だし小1を加えてからめ、ラップをして2分チン。

POINT! にんじんは皮つきでもむいてもOK。好みで刻みねぎを散らしても。

3分30秒

お弁当の彩りにも活躍

No.159 にんじんピリ辛ナムル

1〜2人分

A 鶏ガラの素・ごま油・コチュジャン各小1、おろしにんにく小½、白ごま適量

容器ににんじん1本(細切り)を入れ、ラップをして3分半チン。粗熱を取り、Aを加えてあえる。

POINT! にんじんはスライサーを使うとラク。好みで七味唐辛子を加えても。

4分

炒めてないのに香ばしい

No.160 きんぴらごぼう

1〜2人分

1 容器にごぼう⅓本(皮をむいて細切り)、にんじん½本(細切り)、ごま油小1、顆粒だし小½を入れて混ぜ、ラップをして3分チン。

2 醤油小2、みりん・砂糖各小1を加えて混ぜ、ラップをして1分チン。白ごま適量をからめる。

POINT! ごぼうの細切りはピーラーを使うとラク。

やる気TIPS

ごぼうは太さが均一で太すぎず、ヒビ割れがないものが◎。泥つきがおすすめ。

No.161 ツナと野菜のチーズ生春巻き

3分

味と食感が
多彩で素敵

1人分

1 容器にツナ缶1個70g(油をきる)、にんじん¼本(細切り)、塩少々を入れて混ぜ、ラップをして3分チン。粗熱を取る。

2 生春巻きの皮2枚に1、きゅうり½本(細切り)、青じそ4枚、スライスチーズ適量を均等にのせて巻き、ごまだれ(市販)適量を添える。

生春巻きの皮はさっと水にくぐらせたあと、濡らしたペーパータオルの上で巻くとくっつきにくい。

No.162 ツナときゅうりのバンバンジー

1人分

1 容器にツナ缶1個70g(油をきる)、麺つゆ小2、酢・おろしにんにく各小1を入れて混ぜ、ラップをして1分チン。

2 きゅうり1本(細切り)を加えて混ぜ、ラー油適量をかける。

ツナをチンして調味料をしみ込ませる。

No.163 もやしきゅうり

1人分

1 容器にもやし½袋100gを入れ、ラップをして3分チン。水気をきる。

2 きゅうり1本(細切り)は塩少々をふり、3分おく。

3 1、2、麺つゆ大1、ごま油小1、顆粒だし小½、白ごま適量を混ぜる。

水っぽくならないように、もやしの水気をしっかりきる。

No.164 もやしとツナのさっぱりあえ

1人分

1 容器にもやし½袋100gを入れ、ラップをして2分チン。冷水で冷やし、水気をきる。

2 ツナ缶1個70g(油をきる)、麺つゆ大1、白だし小1、黒こしょう適量を加えてあえる。

POINT! もやしは冷水で冷やして水気をよくきってから調味する。好みで刻みねぎを。

No.165 もやしとわかめのピリ辛塩ナムル

1人分

1 もやし½袋100g、乾燥わかめ大1は水にさらして容器に入れ、ラップをして3分チン。

2 水気をきり、塩少々、鶏ガラの素小½、ごま油小1、ラー油適量を加えて混ぜ、白ごま適量をふる。

POINT! もやしとわかめは水気がついたままレンチン。乾燥わかめがふっくら戻る。

No.166 レンジでピリ辛もやし

1〜2人分

1 容器にもやし1袋200gを入れ、ラップをして3分チン。水気をきる。

2 ラー油小½、焼き肉のたれ大2、おろしにんにく・おろししょうが・ごま油各小1を加えて混ぜ、白ごま適量をふる。

POINT! レンチン後すぐに調味すると味がよくなじむ。

やる気TIPS

生春巻きの皮を水で戻すときは、くっつかないように一枚ずつ戻しましょう。

No.167 やみつき無限もやし

1～2人分

1 容器にもやし1袋200gを入れ、ラップをして2分チン。水気をきる。

2 醤油・麺つゆ各大1、ごま油小1、一味唐辛子小½、白ごま適量を加えてよく混ぜる。

POINT! 味がぼやけないよう、もやしはしっかり水気をきる。

No.168 パプリカとブロッコリーのレモンあえ

1人分

A レモン汁・オリーブ油・酢・砂糖各小1、黒こしょう適量

容器にパプリカ½個(細切り)、ブロッコリー80g(小房に分ける)を入れ、ラップをして3分チン。**A**を加えてあえる。

POINT! ブロッコリーはなるべく小さめに分けると食べやすい。

No.169 レンジでニラたま

1人分

容器に卵1個、ニラ¼束(5㎝長さに切る)、麺つゆ大2、みりん小2、砂糖小1を入れて混ぜ合わせ、ラップをして1分チン。よく混ぜて再び1分チン。ごま油小1を加えて混ぜる。

POINT! 黄身と白身、両方の味を楽しめるので、卵は完全に溶き混ぜなくてもOK。

紅のかまぼこで華やかに

No.170 ピーマンとかまぼこのきんぴら

1人分

容器にピーマン1個(細切り)、かまぼこ1枚(細切り)、麺つゆ大1、顆粒だし小1/3、ごま油小1を入れて混ぜ、ラップをして2分チン。白ごま・一味唐辛子各適量をふる。

POINT! ピーマンとかまぼこは大きさを揃えると食べやすい。

食感のコントラストが◎

No.171 ピーマンとこんにゃくのナムル

1人分

容器にこんにゃく1/2枚(細切り)、ピーマン1個(細切り)、焼き肉のたれ大1、酢・おろしにんにく各小1/2、顆粒だし小1を入れて混ぜ、ラップをして3分チン。白ごま適量をふる。

POINT! 味にムラが出ないようにチンする前によく混ぜて。

はちみつで苦味がまろやか

No.172 ピーマンとツナのはちみつあえ

1人分

1 容器にピーマン2個(食べやすく切る)、はちみつ大2、白だし小1を入れてからめ、ラップをして1分チン。

2 ごま油小1を回しかけ、ツナ缶1個70g(油をきる)を加えてあえ、白ごま適量をふる。

POINT! 加熱後にごま油をかけると風味がよい。

やる気TIPS
こんにゃくはアク抜き済みのものを使えば、下ゆでする必要もなくラクチン。

No.173 ちくわとピーマンのチーズきんぴら

1人分

容器にちくわ2本(細切り)、ピーマン2個(細切り)、ピザ用チーズ30g、醤油・みりん各小2、砂糖小1を入れて混ぜ、ラップをして2分チン。白ごま適量をふる。

POINT! 具材は大きめに切ると食べごたえがアップ。チーズはまんべんなく混ぜて。

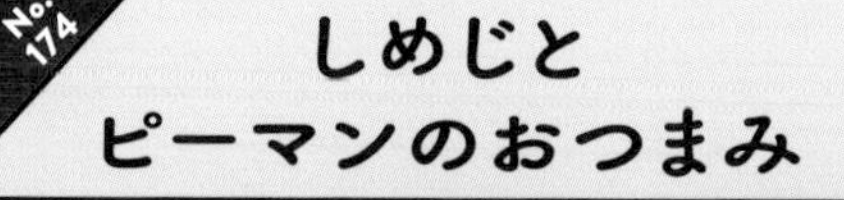

No.174 しめじとピーマンのおつまみ

1人分

1 容器にピーマン2個(細切り)、しめじ½袋(ほぐす)、塩ひとつまみ、ごま油小1、鶏ガラの素小½、砂糖小⅓を入れて混ぜ、ラップをして2分チン。

2 かつお節・黒こしょう・一味唐辛子各適量をかける。

POINT! かつお節は熱いうちにかけると香りが広がる。好みで白ごまを。

No.175 ツナとピーマンの塩レモンあえ

1人分

容器にツナ缶1個70g(油をきる)、ピーマン1個(細切り)、塩ひとつまみ、レモン汁小1、鶏ガラの素小⅓を入れて混ぜ、ラップをして1分半チン。ごま油小½を回しかける。

POINT! 仕上げにレモンを添え、食べるときに果汁を搾っても美味。

ツナで
ボリュームアップ

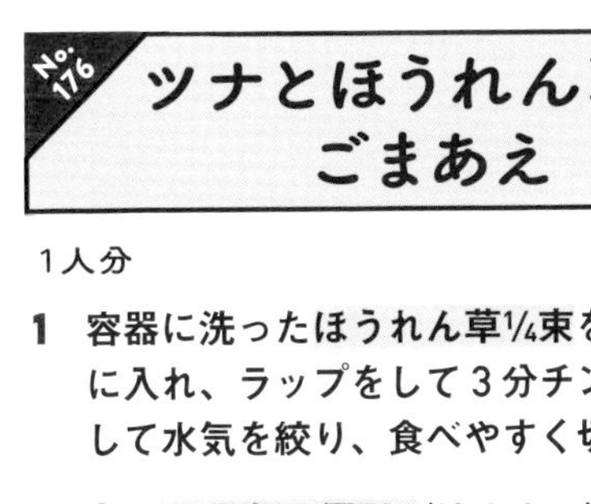

No.176 ツナとほうれん草のごまあえ

1人分

1 容器に洗ったほうれん草¼束を水気をきらずに入れ、ラップをして3分チン。冷水にさらして水気を絞り、食べやすく切る。

2 1、ツナ缶1個70g(油をきる)、白すりごま小2、麺つゆ大1、ごま油小1をあえる。

POINT! ほうれん草は冷水にさらしてアクを抜いて。好みで刻みねぎをのせる。

バターで風味と
コクアップ!

3分

No.177 ほうれん草ベーコンのバター麺つゆ

1人分

容器にほうれん草½束(3㎝幅に切る)、厚切りベーコン50g(細切り)、麺つゆ大1を入れて混ぜ、ラップをして3分チン。バター20gを加えてあえ、黒こしょう適量をふる。

POINT! レンチンしてほうれん草にベーコンのうまみをまとわせる。

トリプルにうまみを
重ねる贅沢

No.178 ほうれん草のうまだしおひたし

1人分

1 容器にほうれん草100g(3㎝幅に切る)、塩2つまみを入れて混ぜ、ラップをして2分チン。水気を絞る。

2 顆粒だし小½、麺つゆ大1、水大3を加えて混ぜ、かつお節適量をかける。

POINT! せっかくのうまみが薄まらないよう、ほうれん草の水気はしっかりきる。

やる気TIPS

ほうれん草の根元部分は栄養豊富で味も濃いので、捨てずに一緒に加えて。

No.179 ちくわと小松菜の梅煮

1人分

1. 容器にちくわ4本(2cm幅の輪切り)、小松菜1/4束(1cm幅に切る)、水・麺つゆ各大1、みりん小2、顆粒だし小1を入れて混ぜ、ラップをして3分チン。
2. 梅干し2個(種を取って刻む)を加えてあえる。

POINT! ちくわはかにかまやかまぼこでもOK。

No.180 キャベツと卵のマヨネーズ蒸し

1人分

1. 容器にキャベツ2～3枚(細切り)、ベーコン30g(細切り)、ポン酢小2、鶏ガラの素・砂糖各小1/2を入れて混ぜる。
2. 溶き卵1個分、ごま油小1を加え、ラップをして2分チン。マヨ大1を加えてあえる。

POINT! 溶き卵は全体に回しかける。好みで刻みねぎを散らしても。

No.181 ウインナーキムチキャベツあえ

1人分

容器にウインナー5本(斜め切り)、キムチ100g、キャベツ2～3枚(ざく切り)、ごま油大1、麺つゆ小1を入れて混ぜ、ラップをして3分チン。

POINT! ごま油をラー油に替えてもおいしい。焼きそばの具にもおすすめ。好みで白ごまを。

No.182 白菜塩昆布蒸し

1人分

1 容器に白菜2枚(食べやすく切る)を入れ、ラップをして2分チン。

2 塩昆布大1、白だし小1、顆粒だし小½を加えてあえる。

POINT! 白菜はチンするとしんなりして味がなじみやすくなる。

No.183 れんこんのきんぴら

1~2人分

1 容器にれんこん100g(薄いいちょう切り)、にんじん½本(細切り)を入れ、ラップをして3分チン。

2 焼き肉のたれ大1、酢・ごま油各小1を加えてあえ、白ごま適量をふる。

POINT! 熱いうちに調味料を加えて味をなじませる。

No.184 ツナとれんこんのマヨネーズあえ

1人分

1 容器にれんこん100g(いちょう切り)を入れ、ラップをして3分チン。

2 ツナ缶1個70g(油をきる)、麺つゆ大2、マヨ大1、顆粒だし小1を加えてあえる。

POINT! れんこんはある程度厚みを残すと食感も楽しめる。好みで七味唐辛子を。

やる気TIPS
れんこんはずっしり重くて切り口が白く、穴の大きさが揃っているものを選んで。

卵黄と粉チーズで
カルボナーラ風!

じゃがいも 和風カルボナーラ

No.185

1～2人分

1 容器にじゃがいも3個(皮をむいて一口大に切る)、厚切りベーコン50g(細切り)、牛乳大2を入れて混ぜ、ラップをして5分半チン。

2 麺つゆ小1、塩・黒こしょう各適量、卵黄1個分を加えて混ぜ、粉チーズ適量をふる。

POINT! ベーコンは食べごたえのある厚切りを使用。じゃがいもは軽くつぶしてもおいしい。

おしゃれな
おうち居酒屋に!

生ハムチーズ マッシュポテト

No.186

1～2人分

1 容器にじゃがいも3個(皮をむいて小さく切る)、水大1を入れ、ラップをして7分チン。

2 じゃがいもをつぶし、顆粒コンソメ・おろしにんにく各小½を加えて混ぜ、生ハム100g(ちぎる)も混ぜる。黒こしょう・粉チーズ各適量をふり、オリーブ油小1をかける。

POINT! じゃがいもは熱いうちにつぶして調味。好みでドライパセリを。

本気の ジャーマンポテサラ

No.187

無性にビールが
飲みたくなる

1～2人分

1 容器にじゃがいも3個(皮をむいて一口大に切る)、厚切りベーコン80g(食べやすく切る)、オリーブ油小1を入れ、ラップをして8分チン。粗熱を取る。

2 じゃがいもを軽くつぶし、マヨ大1、顆粒コンソメ小1、黒こしょう適量を加えて混ぜ、粉チーズ適量をふる。

POINT! 肉厚なベーコンでボリュームアップ。ドライパセリをふっても。

No.188 生ハムジャーマンポテサラ

8分

濃厚で大満足!

1～2人分

1 容器にじゃがいも3個(皮をむいて小さく切る)、牛乳50mℓ、オリーブ油小1を入れて混ぜ、ラップをして8分チン。粗熱を取る。

2 じゃがいもをつぶし、生ハム80g(ちぎる)、顆粒コンソメ小½、卵黄1個分、マヨ大1を加えて混ぜ、黒こしょう・粉チーズ各適量をふる。

じゃがいもをつぶすのはスプーンやフォークが便利。

No.189 じゃがいもベーコンのチーズ焼き

1人分

1 容器にじゃがいも2個(皮をむいて一口大に切る)、水大1を入れ、ラップをして3分チン。厚切りベーコン30g(細切り)を加え、再び2分チン。オリーブ油小1、塩・黒こしょう各適量を加えて混ぜる。

2 ピザ用チーズ50g、粉チーズ適量を散らし、ラップをして1分チン。

チーズを加えたら、好みでトースターで焼いて焼き目をつけてもOK。

No.190 じゃがいも味噌バター

1人分

1 容器にじゃがいも2個(皮をむいて一口大に切る)、水大1、味噌小1、顆粒コンソメ小½を入れて混ぜ、ラップをして6分チン。

2 よく混ぜ合わせて黒こしょう適量をふり、バター20gをのせる。

味噌がダマにならないようによく混ぜる。バターは余熱で溶かして。

やる気TIPS

独特のうまみや塩気のある生ハムは、洋風おつまみやパスタにうってつけ。

絶対うまい
組み合わせ!

No.191 じゃがいもの醤油マヨ

1人分

1 容器にじゃがいも2個(皮をむいて一口大に切る)を入れ、ラップをして6分チン。

2 醤油小2、マヨ大1、顆粒だし小1、黒こしょう適量を加えて混ぜる。

POINT! じゃがいもが熱いうちによく混ぜて味をなじませる。好みで刻みねぎを。

コンソメで
バージョンアップ

No.192 コンソメベイクドポテト

1人分

じゃがいも1個をよく洗い、ラップで包んで5分チン。十字に切り込みを入れ、バター大1をのせ、顆粒コンソメ小½、黒こしょう・ドライパセリ各適量をふる。

POINT! ラップをはずすときや切り込みを入れるときは、やけどに注意して。

甘じょっぱさに
ハマる!

No.193 ひとくち麺つゆバタースイートポテト

1人分

1 さつまいも200g(皮をむいて小さく切る)は10分水にさらし、水気をきる。容器に入れ、ラップをして4分チン。

2 バター20g、麺つゆ大2を加えてからめ、ラップをして1分チン。粉チーズ適量をふる。

POINT! さつまいもは火が通りやすいように小さめに切る。

No.194 かぼちゃときゅうりのサラダ

1人分

1 容器にかぼちゃ150g(薄く小さめに切る)を入れ、ラップをして3分チン。つぶして粗熱を取る。

2 きゅうり½本(輪切り)、マヨ大1、塩小¼、黒こしょう適量を加えてあえる。

POINT! かぼちゃは皮つきのままでOK。薄く切ると火が通りやすい。熱いうちにつぶして。

No.195 チーズかぼちゃ蒸し

1人分

容器にかぼちゃ150g(薄いくし形切り)、顆粒コンソメ小½を入れて混ぜ、ラップをして3分チン。粉チーズ・ドライパセリ各適量をふる。

POINT! かぼちゃは薄めに切ると食べやすい。粉チーズはたっぷりかけて。

No.196 玉ねぎとツナの甘辛煮

1人分

A 醤油・砂糖・みりん・ごま油各小2、おろしにんにく小1

1 容器に玉ねぎ1個(ざく切り)とAを入れて混ぜ、ラップをして5分チン。

2 ツナ缶1個70g(油をきる)を加えて混ぜる。

POINT! 刻みねぎを散らしても。好みで一味唐辛子や山椒を加えてもおいしい。

やる気TIPS

かぼちゃは少しレンチンして柔らかくすることで、包丁で切りやすくなります。

No.197 長いものポン酢蒸し

1人分

容器に**長いも200g**(皮をむいて細切り)、**ポン酢小2**を入れて混ぜ、ラップをして3分チン。**ラー油適量**をかけて**刻みねぎ適量**を散らす。

POINT! 長いもの切り方は輪切りでもOK。

No.198 長いもチーズ焼き

1人分

1 容器に**長いも300g**(皮をむいて一口大に切る)、**バター10g**、**麺つゆ大2**を入れてからめ、ラップをして2分チン。

2 1に**ピザ用チーズひとつかみ**を散らし、ラップをして1分チン。**黒こしょう・ドライパセリ各適量**をふる。

POINT! 長いもはなるべく重ならないように容器に敷き詰める。

No.199 長いも鉄板風

1～2人分

1 容器に**長いも200g**(皮をむいてすりおろす)、**卵2個**、**麺つゆ大2**、**ごま油小1**を入れて混ぜ、ラップをして5分チン。

2 **かつお節・刻みねぎ各適量**を散らす。

POINT! 長いもと卵、調味料はよく混ぜてから加熱すると食感が均一に。

No.200 大根のトロトロ煮

1人分

A みりん・酒各大1、醤油・砂糖各小2、白だし・顆粒だし各小1、水100mℓ

容器に大根200g(皮をむいて1cm幅のいちょう切り)を入れ、ラップをして5分チン。Aを加えて再び5分チン。

POINT! Aは混ぜてから加えるとなじみやすい。好みで刻みねぎをのせて。

No.201 ツナ味噌大根

1人分

A 味噌・酒・みりん各大2、砂糖大1、顆粒だし小1

1. **容器に大根200g(皮をむいて一口大に切る)を入れ、ラップをして5分チン。Aを加え、再び1分半チン。**
2. **ツナ缶1個70g(油をきる)を加えて混ぜる。**

POINT! 大根が柔らかくなってから調味料とチンすると味が入る。刻みねぎを散らしても。

No.202 ベーコン大根蒸し

1人分

1. **容器に大根100g(皮をむいて一口大に切る)、厚切りベーコン50g(1cm幅に切る)を入れ、ラップをして3分チン。顆粒コンソメ小1を加えて混ぜ、再び3分チン。**
2. **バター10gをからめ、黒こしょう適量をふる。**

POINT! ベーコンのだしが大根にしみ込む。バターは熱いうちによくからめる。

レンジ調理では、加熱ムラをなくすため具材をなるべく同じ大きさに切って。

No.203 大根と厚揚げの麺つゆ煮

1人分

1 容器に大根100g(皮をむいて一口大に切る)を入れ、ラップをして3分チン。

2 厚揚げ100g(一口大に切る)、麺つゆ大2、おろししょうが小1を加えて混ぜ、ラップをして3分チン。ごま油小2を回しかける。

POINT! 厚揚げは油抜きしなくてもOK。好みで刻みねぎを散らしても。

No.204 麻婆大根

1人分

1 容器に大根100g(皮をむいて1㎝角に切る)、豚ひき肉50gを入れる。

2 焼き肉のたれ大2、おろしにんにく・味噌・片栗粉各小1、水大1を混ぜ合わせて**1**に加え、ラップをして6分チン。よく混ぜる。

POINT! 大根は1㎝角に切ると火の通りが早く、柔らかく仕上がる。好みで刻みねぎを。

No.205 無限味噌なす

1人分

容器になす1本(1㎝幅の輪切り)、味噌・酒・砂糖各小2、おろししょうが小1、顆粒だし小½を入れて混ぜ、ラップをして3分チン。ごま油小1を回しかけ、白ごま適量をふる。

POINT! 調味料をまんべんなくまぶし、よく味をなじませる。

No.206 えのきとツナの梅ごまあえ

見た目に反して味はにぎやか

3分

1人分

1 容器にえのき½袋(根元を切り落として長さを半分に切る)、ツナ缶1個70g(油をきる)、醤油小1、みりん・酒各大1を入れ、ラップをして3分チン。

2 梅干し2個(種を取って刻む)、ごま油小1を加えてあえる。白ごま適量をふる。

梅干しとごま油は最後に加えると風味よく仕上がる。

なめたけ風のご飯のおとも

2分

No.207 きのこのかつお節あえ

1人分

容器にしめじ・えのき各½袋(食べやすく切る)、焼き肉のたれ大1、おろししょうが小1を入れて混ぜ、ラップをして2分チン。白ごま・かつお節各適量をかける。

えのきは小さく切った方が、味がなじむ。

歯ごたえがおいしい!

3分

No.208 バターエリンギ蒸し

1人分

1 容器にエリンギ2本(縦に薄切り)、麺つゆ小2を入れて混ぜ、ラップをして3分チン。

2 バター20gをのせ、黒こしょう適量をかける。

好みでドライパセリを。一味や七味唐辛子、カレー粉をふってアレンジしても。

やる気TIPS

豆腐を薄く切って揚げたのが油揚げ、厚く切って表面を揚げたのが厚揚げです。

No.209 きのことベーコンのレンジマリネ

パスタに混ぜても美味

5分

1人分

容器にしめじ½袋(ほぐす)、エリンギ2本(縦に薄切り)、厚切りベーコン50g(食べやすく切る)、オリーブ油大2、塩小¼、黒こしょう少々、おろしにんにく小1を入れて混ぜ、ラップをして5分チン。バター10gをのせる。

POINT! バターは仕上げに加えて余熱で溶かし、香りとうまみを添えて。

No.210 マカロニチーズ

1人分

1 容器にマカロニ(4分ゆで)50g、シチュールウ1片、牛乳50mℓ、水200mℓ、顆粒コンソメ小1を入れて混ぜ、ラップをして4分チン。

2 ピザ用チーズ50gをかけ、ラップをして1分チン。黒こしょう適量をふる。

POINT! マカロニは液体にしっかり浸す。ドライパセリを散らしても。

No.211 豆腐の甘辛照り煮

1人分

容器に豆腐½丁150g(6等分に切る)を入れ、醤油・みりん各大1、砂糖小2、コチュジャン小1を加え、ラップをして2分チン。刻みねぎ適量を散らす。

POINT! 豆腐から出る水分もいい感じのつゆになるので水きりは不要。

No.212 バジルサラダチキン

1人分

1 容器に鶏むね肉1枚250g(フォークで数か所刺す)、酒・オリーブ油各大1、塩小¼、ドライバジル適量、おろしにんにく小1を入れて混ぜ、10分おく。

2 ラップをして5分チン。食べやすく切る。

POINT! フォークで穴をあけると中まで火が通りやすく味もしみる。生のバジルをちぎって加えてもOK。

No.213 ささみときゅうりのマヨレモンあえ

1人分

1 容器に鶏ささみ200g(フォークで数か所刺し、一口大に切る)、きゅうり½本(輪切り)、酒大1、鶏ガラの素小1½を入れて混ぜ、ラップをして3分半チン。

2 マヨ大2、ポン酢小2、レモン汁小1、白すりごま適量を加えてあえ、黒こしょう適量をふる。

POINT! ささみはレンチンすると、しっとり仕上がり、うまみも逃さず味わえる。

No.214 鶏ももときゅうりの麺つゆあえ

1人分

1 袋にきゅうり1本(細切り)、塩ひとつまみを入れてよくもみ込み、水気をきる。

2 容器に鶏もも肉½枚150g(薄切り)、酒小1を入れ、ラップをして6分チン。粗熱を取って1を加えて混ぜ、麺つゆ大1、ごま油・白ごま各小1を加えてあえる。

POINT! 味がぼやけないように、きゅうりの水気はしっかりきる。

やる気TIPS

生で食べるイメージの強いきゅうりですが、加熱してもおいしいのでお試しを。

No.215 鶏皮ポン酢

1人分

1 容器に鶏皮150g（食べやすく切る）、酒小1、塩ひとつまみを入れて混ぜ、ラップをして4分チン。

2 ポン酢大1、おろしにんにく・おろししょうが各小1、黒こしょう適量を加えてあえる。

POINT! 鶏皮はよく洗って水気をきって使って。好みで刻みねぎをたっぷりどうぞ。

No.216 豆腐とミンチ蒸し

1人分

1 合いびき肉100g、焼き肉のたれ大1、おろしにんにく小1を混ぜ合わせる。

2 容器に豆腐½丁150g（6等分に切る）を入れて1をのせ、ラップをして6分チン。ごま油大1を回しかけ、七味唐辛子適量をふる。

POINT! 豆腐はスプーンで大きく切り分けてもOK。刻みねぎや刻みのりをかけても美味。

No.217 レンジで台湾ミンチ風

1人分

容器に合いびき肉150g、焼き肉のたれ大2、おろしにんにく・豆板醤各小1を入れて混ぜ、ラップをして5分チン。刻みのり適量をかける。

POINT! あれば、五香粉を加えると本格的な味に。刻みねぎをかけても。

No.218 ニラとひき肉のスタミナ煮

1人分

1 容器に豚ひき肉150g、焼き肉のたれ大1、おろししょうが・ごま油各小1を入れて混ぜ、ラップをして5分チン。

2 ニラ¼束(3cm長さに切る)を加え、ラップをして1分チン。卵黄1個分をのせる。

POINT! ひき肉に調味料を混ぜてから加熱し、味をなじませる。

No.219 さばともやしのピリ辛レンジ蒸し

1人分

1 容器にもやし⅓袋65〜70g、さば缶(水煮)1個150gを入れ、ラップをして3分チン。

2 麺つゆ大1、ごま油・おろししょうが各小1を加えてあえ、一味唐辛子・刻みねぎ各適量をかける。

POINT! さば缶は缶汁ごと加えてうまみをプラス。

No.220 レンジで本格アヒージョ

1人分

容器にシーフードミックス(冷凍)100g、エリンギ1本(薄切り)、オリーブ油大3、おろしにんにく小1、塩少々を入れて混ぜ、ラップをして3分チン。黒こしょう適量をふる。

POINT! シーフードミックスは冷凍のまま加えてOK。好みでドライパセリを。

やる気TIPS

数種類の魚介類を一度に楽しめるシーフードミックスは常備しておくと重宝。

No.221 いわしとマッシュルームの和風アヒージョ

1人分

容器にいわし缶（水煮）1個150g、マッシュルーム20g（薄切り）、オリーブ油大4、おろしにんにく・顆粒だし各小1、塩少々を入れて混ぜ、ラップをして2分チン。混ぜて再び2分チン。七味唐辛子・黒こしょう各適量をふる。

POINT! 食べやすいようにいわしは適当にほぐして入れる。

No.222 いわしのパプリカマリネ

1人分

1 容器にいわし缶（水煮）1個150g、にんじん¼本（細切り）、パプリカ⅓個（細切り）、オリーブ油大1、酢小1、塩・こしょう各少々を入れて混ぜ、ラップをして1分半チン。混ぜて再び1分半チン。

2 レモン汁小1をかける。

POINT! 途中で混ぜることでまんべんなく味がなじむ。好みでドライパセリやレモンを。

No.223 えびとブロッコリーのオイマヨあえ

1人分

1 容器にブロッコリー80g（小房に分ける）、むきえび（冷凍）100g、ミニトマト5個（ヘタを取る）を入れ、ラップをして3分半チン。

2 マヨ大2、オイスターソース大1、オリーブ油小1、麺つゆ小2を加えてあえ、黒こしょう適量をふる。

POINT! えびは解凍し、気になれば背ワタを取って。好みでドライパセリを。

PART 05

チンしてご飯にのっけるだけ!

大満足の丼もの

一皿で完結する丼メニューは、疲れた日や忙しいときの救世主。
レンジ調理なら最小限の工程で済むので、さらにラクチンです。
親子丼や牛丼などの定番から、変わり種のアイディアレシピまで紹介!

No.224 レンジで親子丼

1人分

A 水50mℓ、みりん大1、醤油小2、白だし・砂糖各小1、顆粒だし小⅓

1 容器に鶏もも肉½枚150g(一口大に切る)、玉ねぎ¼個(薄切り)、**A**を入れて混ぜ、ラップをして6分チン。

2 溶き卵1個分を回しかけ、ラップをして1分半チン。ご飯1膳にのせる。

POINT! 食感よく仕上げるため、卵は最後にチン。好みで刻みねぎをかけて。

No.225 照りマヨチキン丼

1人分

1 容器に鶏もも肉120g(一口大に切る)、醤油小2、みりん・砂糖・おろしにんにく各小1を入れて混ぜ、ラップをして5分チン。混ぜて再び2分チン。

2 ご飯1膳にのせて温泉卵1個をのせ、マヨ適量をかける。

POINT! 一度取り出して混ぜることで鶏肉に均一に味が入る。

No.226 レンジで焼き鳥丼

1人分

1 容器に鶏もも肉120g(食べやすく切る)を入れて塩・こしょう各少々をふり、ラップをして4分チン。

2 肉を返して長ねぎ¼本(斜め薄切り)、醤油大1、みりん・砂糖各小2を加えて混ぜ、ラップをして3分チン。ご飯1膳にのせて刻みのり適量を散らす。

POINT! 肉に下味をつけて味をなじみやすくする。好みで七味唐辛子をかけて。

No.227 鶏マヨチャーシュー丼

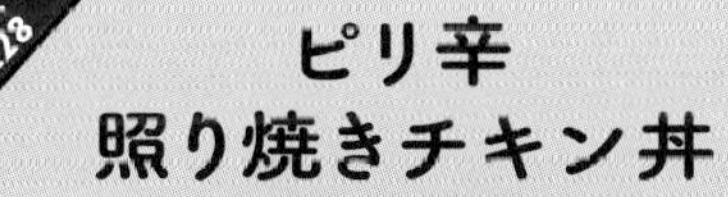

1人分

A | 醤油・砂糖各大1、みりん・酒各小2、酢小½

1. 容器に鶏もも肉½枚150g(フォークで数か所刺す)と**A**を入れて混ぜ、ラップをして3分チン。返して再び3分チン。
2. 食べやすい大きさに切ってご飯1膳にのせ、マヨ・一味唐辛子各適量をかける。

POINT! 鶏肉にフォークで穴をあけると縮まず、味も入りやすい。

No.228 ピリ辛照り焼きチキン丼

1人分

1. 容器に鶏もも肉100g(フォークで数か所刺し、一口大に切る)、醤油・酒各大1、砂糖小2、おろししょうが小½を入れて混ぜ、ラップをして5分チン。豆板醤小1を加えて混ぜ、再び2分チン。
2. ご飯1膳にのせ、もみのり適量を散らし、卵黄1個分をのせる。

POINT! 豆板醤の辛みと香りを生かすため、仕上げに加えてチンする。

No.229 ささみごまだれ丼

1人分

1. 容器に鶏ささみ100g(小さめに切る)を入れ、酒大1、麺つゆ大1½、ごま油小2をかけ、ラップをして3分半チン。
2. きゅうり½本(薄切り)に塩ひとつまみをふり、5分おいて水気を絞る。
3. 1、2、白すりごま小1を混ぜ合わせ、ご飯1膳にのせる。

POINT! 酒を加えてチンすると臭みが取れてうまみが増し、上品な味に。

やる気TIPS

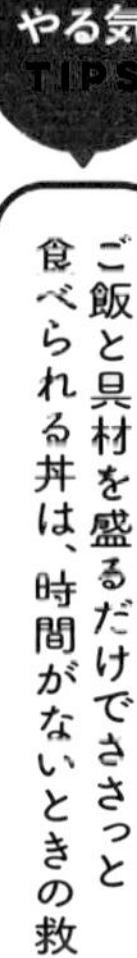

No.230

塩豚丼

1人分

A 酒大1、鶏ガラの素・白だし各小½、ごま油・おろしにんにく各小1、塩少々

1 容器に豚バラ薄切り肉100g(一口大に切る)、**A**を入れ、ラップをして3分チン。混ぜて再び2分チン。

2 長ねぎ¼本(みじん切り)を加えて混ぜ、ご飯1膳にのせて黒こしょう適量、レモン汁小½をかける。

POINT! 風味がとばないようにレモン汁は仕上げにかけて。

No.231

チーズ豚バラ丼

1人分

1 容器に豚バラ薄切り肉100g(一口大に切る)、玉ねぎ¼個(くし形切り)、焼き肉のたれ大1、醤油小½、おろしにんにく小1を入れて混ぜ、ラップをして3分チン。混ぜて再び2分チン。ピザ用チーズ30gをのせて再び1分チン。

2 ご飯1膳にのせて黒こしょう適量をふる。

POINT! 3度に分けて加熱し、味をよく含ませる。

No.232

豚バラのうま辛スタミナ丼

1人分

1 容器に豚バラ薄切り肉100g(一口大に切る)、キャベツ2〜3枚(小さく切る)、塩少々、酒小2を入れ、ラップをして3分チン。

2 焼き肉のたれ大1、コチュジャン・ごま油・おろしにんにく各小1を加えて混ぜ、ラップをして3分チン。

3 ご飯1膳にのせ、卵黄1個分をのせる。

POINT! 酒を加えてチンすると豚肉がふんわり仕上がる。

No.233 ソース豚丼

1人分

1 容器に豚バラ薄切り肉100g(一口大に切る)、ソース大1、おろしにんにく小1を入れて混ぜ、ラップをして4分チン。

2 ご飯1膳にキャベツ1枚(せん切り)、1を順にのせ、ごま油小1を回しかけ、刻みねぎ適量を散らす。

最後にごま油をかけて風味をアップ。七味唐辛子をふってもおいしい。

No.234 野菜たっぷりにんにく味噌豚丼

1人分

A 味噌・酒・水各大1、砂糖・麺つゆ各小2、おろしにんにく・おろししょうが各小1、黒こしょう適量

1 容器に豚バラ薄切り肉100g(一口大に切る)、なす1/3本(細切り)、ピーマン1/2個(細切り)、Aを入れて混ぜ、ラップをして4分チン。

2 ご飯1膳にのせ、卵黄1個分をのせる。

野菜は細切りにすると味がよくなじむ。好みで七味唐辛子を。

No.235 豚バラしょうが丼

1人分

1 容器に豚バラ薄切り肉100g(一口大に切る)、玉ねぎ1/4個(くし形切り)、酒小1、塩少々を入れて混ぜ、ラップをして4分チン。

2 麺つゆ大1、おろししょうが小1を加えて混ぜ、ラップをして2分チン。ご飯1膳にのせ、刻みねぎ適量を散らす。

玉ねぎは大きめに切ると食感のバランスがよくなる。

やる気TIPS

肉や魚に卵黄をからめると幸福度アップ。物足りないと思ったときは、のせてみて。

PART 05

大満足の丼もの・豚肉

No.236

ねぎ盛り豚こま丼

力が湧くガテン系

4分

1人分

A 焼き肉のたれ大1½、おろしにんにく・おろししょうが・ごま油・片栗粉各小1

1 容器に豚こま肉100g、**A**を入れて混ぜ、ラップをして3分チン。混ぜて再び1分チン。

2 ご飯1膳にのせ、刻みねぎ適量、温泉卵1個をのせる。

片栗粉を加えるとたれにとろみがつき、肉になじむ。

No.237

豚ニラ甘辛丼

つまみにもなる丼

5分

1人分

1 容器に豚こま肉100g、塩少々、酒小2を入れ、ラップをして3分チン。

2 ニラ¼束(3㎝長さに切る)、醤油小1、鶏ガラの素小½、砂糖小2を加えて混ぜ、ラップをして2分チン。

3 ご飯1膳にのせ、卵黄1個分をのせる。

好みで白ごまをたっぷりかけて混ぜるとさらに美味。

No.238

チャプチェ丼

しらたきで糖質オフ!

6分

1人分

1 容器に豚こま肉80g、にんじん¼本(細切り)、酒小2、塩適量を入れて混ぜ、ラップをして5分チン。

2 しらたき40g(食べやすく切る)、長ねぎ¼本(斜め切り)、焼き肉のたれ大1、おろしにんにく・おろししょうが各小1を加えて混ぜ、ラップをして1分チン。

3 ご飯1膳にのせてごま油小1を回しかけ、白ごま適量をふる。

火が通りにくいにんじんは先に加熱。仕上げのごま油で香りがぐっとよくなる。

No.239 豚こまビビンバ丼

よく混ぜてどうぞ

5分

1人分

1 容器に豚こま肉100g、にんじん¼本(細切り)、醤油小2、砂糖小1、コチュジャン・鶏ガラの素各小½を入れて混ぜ、ラップをして5分チン。

2 ご飯1膳にのせて温泉卵1個を添え、ごま油小1を回しかける。

POINT! 好みで白ごまや黒こしょうをふり、キムチをのせてもおいしい。

No.240 簡単中華丼

味がしみた白菜も美味!

6分

1人分

A 鶏ガラの素・オイスターソース各小1、麺つゆ大1、水100mℓ

1 容器に豚こま肉80g、白菜1～2枚(小さく切る)、にんじん¼本(細切り)、シーフードミックス(冷凍)50g、Aを入れて混ぜ、ラップをして4分チン。水溶き片栗粉(水大1、片栗粉小1)を加えて混ぜ、再び2分チン。

2 ごま油小1を加えて混ぜ、ご飯1膳にのせて黒こしょう適量をふる。

POINT! レンジなら水溶き片栗粉のとろみづけもダマにならずに簡単。

No.241 ガッツリチャーシュー丼

めちゃジューシー

6分

1人分

1 袋に豚バラかたまり肉150g(フォークで数か所刺す)、醤油大1½、みりん・砂糖各大1、おろししょうが小1を入れて混ぜ、冷蔵庫で1時間おく。

2 容器に1をたれごと入れ、ラップをして3分チン。返して再び3分チン。そのまま3分おいて余熱で火を通し、食べやすい大きさに切る。

3 ご飯1膳にのせ、刻みねぎ適量、半熟ゆで卵1個(縦半分に切る)をのせる。

POINT! フォークで穴をあけると味がよく入る。漬けだれごとチンして余熱でなじませる。

やる気TIPS

水溶き片栗粉はダマにならないようによく混ぜて加え、加熱後もよく混ぜて。

No.242 簡単 麺つゆすき焼き丼

チェーン店のあの味!

5分

1人分

A 麺つゆ大3、顆粒だし小½、おろしにんにく・おろししょうが各小1、水大1

1 容器に**牛薄切り肉150g**(一口大に切る)、**玉ねぎ¼個**(くし形切り)、**A**を入れて混ぜ、ラップをして3分チン。混ぜて再び2分チン。

2 **ご飯1膳**にのせ、**卵1個**を割り入れる。

麺つゆを使えば簡単に味が決まる。卵を混ぜながらどうぞ。

No.243 牛とじ丼

1人分

1 容器に**牛薄切り肉100g**(一口大に切る)、**酒・おろししょうが各小1**、**塩・こしょう各少々**を入れて混ぜ、ラップをして4分チン。

2 **卵1個**、**麺つゆ大1**、**顆粒だし小1**を混ぜる。

3 器に盛った**ご飯1膳**に**1**をのせて**2**をかけ、ラップをして1分半チン。**刻みねぎ適量**を散らす。

耐熱の器を使用。卵がかたくならないよう、レンチン後はすぐに取り出して。

No.244 貝割れ牛丼

1人分

1 容器に**牛薄切り肉100g**(一口大に切る)、**ポン酢大1**、**顆粒だし小1**を入れて混ぜ、ラップをして5分チン。**おろししょうが小1**を加えて混ぜる。

2 **ご飯1膳**にのせ、**貝割れ大根適量**(半分に切る)、**刻みねぎ適量**を散らす。

好みで大根おろしやわさび、柚子こしょうを添えても美味。

No.245 シシリアンライス

1人分

1 容器に牛こま肉100g、玉ねぎ¼個(くし形切り)、焼き肉のたれ大1½、おろしにんにく・おろししょうが各小1を入れて混ぜ、ラップをして3分チン。混ぜて再び2分チン。はちみつ小1を混ぜる。

2 ご飯1膳にのせてレタス1～2枚(ちぎる)、ミニトマト2個を盛り、マヨ適量をかける。

POINT! 生野菜は好みのものでOK。好みでドライパセリをふっても。

No.246 きのこ牛丼

1人分

A | 醤油・みりん各大1、酒・砂糖・顆粒だし各小1

1 容器に牛こま肉100g、舞茸⅓袋30g(ほぐす)、長ねぎ¼本(斜め薄切り)、Aを入れて混ぜ、ラップをして3分チン。混ぜて再び2分チン。

2 ご飯1膳にのせて卵黄1個分をのせる。

POINT! ねぎは薄く切るととろっとして甘みが出る。

No.247 牛カルビ焼き肉丼

1人分

A | 焼き肉のたれ大1½、ごま油小2、おろしにんにく・おろししょうが各小1

1 容器に牛カルビ薄切り肉120g、塩・こしょう各少々、酒小1を入れ、ラップをして3分チン。Aを加えて混ぜ、再び2分チン。

2 ご飯1膳にのせて白ごま適量をふる。

POINT! 肉は牛こまでもOK。焼き肉のたれににんにくとしょうがでパンチをきかせて。

やる気TIPS
丼メニューは、ご飯にのせる"頭"部分だけ作っておつまみにするのも手です。

No.248 ローストビーフ丼

レンジとは思えない完成度

8分

1人分

1 牛ももかたまり肉150g(フォークで数か所刺す)に、塩・こしょう各少々、おろしにんにく小1をすり込み、20分おく。

2 ラップで包んで4分チン。返して再び4分チン。アルミ箔に包んで常温で1時間おく。

3 薄く切ってご飯1膳にのせ、混ぜ合わせた焼き肉のたれ大1½、おろししょうが・ごま油各小1をかけ、温泉卵1個を添える。

アルミ箔に包んで余熱で火を通すことで柔らかく仕上がる。好みで刻みねぎを。

No.249 チーズ卵のそぼろ丼

チーズでぐっと洋風に

1人分

A | 醤油小2、酒・みりん・砂糖・おろししょうが各小1

1 容器に鶏ひき肉80g、Aを入れ、ラップをして2分チン。混ぜて再び1分チン。

2 別の容器に卵1個、醤油小1、砂糖小½、顆粒だし小⅓、ピザ用チーズ20gを入れて混ぜ、ラップをして2分チンし、ほぐす。

3 ご飯1膳に**1**、**2**をのせる。

卵にチーズを加えてふわっとなめらかに。好みで刻みねぎをかけて。

No.250 ねぎ塩豚そぼろ丼

あっさりなのにあとを引く

1人分

A | 鶏ガラの素・白だし各小½、おろしにんにく小1、塩少々

1 容器に豚ひき肉120g、Aを入れて混ぜ、ラップをして3分チン。

2 長ねぎ¼本(みじん切り)を加えて混ぜ、ご飯1膳にのせる。黒こしょう適量をふり、貝割れ大根適量を散らす。

味にムラが出ないようにAを加えたらよく混ぜる。

No.251

皮なし餃子丼

1人分

A　おろしにんにく・おろししょうが各小½、酒小1、塩少々

B　ごま油・砂糖各小1、鶏ガラの素小½、ポン酢大1

容器に豚ひき肉100g、キャベツ2〜3枚(小さく切る)、Aを入れて混ぜ、ラップをして3分チン。ニラ¼束(2㎝長さに切る)、Bを加えて混ぜ、ラップをして1分チン。ご飯1膳にのせてラー油小½をかけ、卵黄1個分をのせる。

POINT! キャベツとニラはできるだけ小さく刻むと餃子感が増す。

No.252

豚とろろ丼

1人分

1 容器に豚ひき肉80g、長いも50g(皮をむいてすりおろす)、焼き肉のたれ大1、おろししょうが小1を入れて混ぜ、ラップをして5分チン。

2 ごま油小1を加えて混ぜ、ご飯1膳にのせる。刻みねぎ小2、白ごま適量、焼きのり適量(ちぎる)を散らす。

POINT! レンチン前によく混ぜると、さらにふわとろ食感に。

No.253

麻婆豆腐丼

1人分

A　焼き肉のたれ大2、味噌・豆板醤・ごま油・片栗粉各小1、鶏ガラの素小½

1 容器にAを入れて混ぜ、豚ひき肉50g、豆腐½丁150g(一口大に切る)を加え、ラップをして7分チン。

2 ご飯1膳にのせ、黒こしょう・ラー油各適量をかける。

POINT! 調味料は混ぜておくと全体に味がなじみやすい。加熱後も軽く混ぜて。

やる気TIPS

しょうがは濡らしたペーパータオルや新聞紙に包んで保存すれば長持ちします。

No.254 鮭そぼろ丼

1人分

1 容器に鮭½切れ80g（皮を取ってほぐす）、麺つゆ小2、ごま油・おろししょうが各小1を入れて混ぜ、ラップをして2分チン。

2 ご飯1膳にのせ、黒こしょう適量をふり、貝割れ大根適量を散らす。

POINT! 鮭は大きめにほぐすと食べごたえが出る。

No.255 なんちゃって海鮮マヨチリ丼

1人分

1 容器にシーフードミックス（冷凍）100g（解凍して水気をきる）、マヨ大1、ケチャップ小2、砂糖小½、塩ひとつまみを入れて混ぜ、ラップをして1分半チン。

2 ご飯1膳にのせて黒こしょう適量をふる。

POINT! 黒こしょうをたっぷりかけると辛味がアクセントに。

No.256 さば缶で味噌にんにくマヨ丼

1人分

1 容器にさば缶（味噌煮）1個150g、おろしにんにく小1を入れてからめ、ラップをして1分半チン。

2 ご飯1膳にのせ、マヨ適量をかけて刻みねぎ適量を散らす。

POINT! さば缶はうまみたっぷりの缶汁ごと使用。火が通っているので加熱は短くてOK。

No.257 さんま缶で さわやかレモンマヨ丼

1人分

1 容器にさんま缶(蒲焼き)1個150g、オリーブ油・おろししょうが各小1を入れて混ぜ、ラップをして1分半チン。

2 レモン汁小1を加えて混ぜ、ご飯1膳にのせる。マヨ適量をかけ、貝割れ大根適量を散らす。

さんまの蒲焼きは大きければほぐす。好みでレモンを添えて。

No.258 ツナの味噌チーズ丼

1人分

1 ツナ缶1個70g(油をきる)、味噌小1、マヨ大1を混ぜ、器に盛ったご飯1膳にのせる。

2 1にピザ用チーズ30gをのせ、ラップをして2分チン。黒こしょう適量をふる。

耐熱の器を使用。ご飯がベチャッとなるのでツナ缶の油はよくきる。

No.259 かにかま チーズ天津飯

1人分

A | 鶏ガラの素小½、ごま油・麺つゆ各小1、水大1

1 容器にかに風味かまぼこ30g(細かく裂く)、卵1個、A、ピザ用チーズ30gを入れて混ぜ、ラップをして1分半チン。混ぜて再び15秒チン。

2 ご飯1膳にのせ、貝割れ大根適量を散らす。

卵を混ぜたら様子を見ながら加熱。とろりと半熟になればOK。

やる気TIPS

味噌は洋風メニューに使っても◎。コクをプラスできる縁の下の力持ち的存在。

PART 05

大満足の丼もの・その他

No.260

ちくわのニラたま丼

ボリュームがあってコスパよし!

1人分

1 耐熱の器にご飯1膳を盛り、ちくわ2本(細かく切る)、ニラ¼束(5cm長さに切る)をのせ、ラップをして2分チン。

2 溶き卵1個分、醤油・みりん各小2、顆粒だし小½を混ぜて1に回しかけ、ラップをして1分チン。

POINT! 一緒にチンするので、ご飯は冷たいままでもOK。

ちくわのうまみがだしに!

No.261

豆腐とちくわのチーズふわふわ丼

1人分

1 容器に豆腐⅓丁100g、ちくわ1本(みじん切り)、麺つゆ・マヨ各大1、卵1個、ピザ用チーズ30gを入れて混ぜ、ラップをして2分チン。

2 ご飯1膳にのせて刻みねぎ適量を散らす。

POINT! 豆腐は軽く崩しながら混ぜて。チーズが溶けて一体感が出る。

アルモンデ♪丼

No.262

納豆チーたま丼

1人分

1 納豆1パックに麺つゆ小2を混ぜ、器に盛ったご飯1膳にかける。

2 ピザ用チーズ30gをのせ、ラップなしで1分半チン。卵黄1個分をのせる。

POINT! 耐熱の器を使用。好みで黒こしょうをふると味が引き締まる。

No. 263

ファミチキでチキンカツ丼

コンビニ総菜をアレンジ!

5分30秒

1人分

1 容器に玉ねぎ¼個(くし形切り)、麺つゆ70mℓ、水大2、おろししょうが小1を入れて混ぜ、ラップをして4分チン。

2 ファミチキ(市販のフライドチキン)1個を加え、溶き卵2個分を流し入れ、ラップをして1分半チン。

3 ご飯1膳にのせて刻みねぎ適量をかける。

ファミチキは調味液によく浸してから卵を回しかけて。

No. 264

ウインナーカルボ丼

ぐちゃっと混ぜるのが正解!

2分

1人分

1 ご飯1膳を器に盛り、ウインナー2本(斜め薄切り)をのせ、ラップをして1分チン。ピザ用チーズ30g、麺つゆ小1をかけ、再び1分チン。

2 黒こしょう適量をふり、卵黄1個分をのせる。

耐熱の器を使用。ウインナーは薄く切ると味がよく出る。

背徳感のあるおいしさにハマる

3分30秒

No. 265

タヌキ丼

1人分

1 容器に白だし大1、顆粒だし小½、水100mℓを入れて混ぜ、ラップをして2分チン。

2 溶き卵2個分、天かす大4を加え、ラップをして1分半チン。

3 ご飯1膳にのせて刻みねぎ適量を散らす。

チンした調味料に加えると、天かすがほどよくとろける。

やる気TIPS

天かすは風味やコクをプラスできます。食感もあるので揚げ物の衣代わりにも。

PART

06

湯を沸かさなくていいからラク♪

レンチンパスタ

鍋でパスタをゆで、フライパンでソースを作ってからめる。
工程が多いパスタ作りも、レンジなら容器1つで済むのがうれしい!
クリーム、トマト、和風、魚介など、いろいろな味でお楽しみください。

No.266 青じそバター カルボナーラ

1人分

1 容器にパスタ（7分ゆで）100g（半分に折る）、ベーコン30g（細切り）、水200mℓ、顆粒コンソメ小1、塩少々を入れ、ラップなしで11分チン。

2 卵黄1個分、おろしにんにく小½、青じそ3枚（細切り）を加えて混ぜ、バター10gをのせて黒こしょう適量をふる。

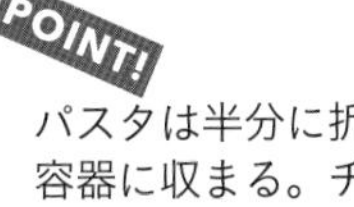

POINT! パスタは半分に折れば容器に収まる。チンしたあとに卵黄を混ぜて。

No.267 ごろごろチキン カルボナーラ

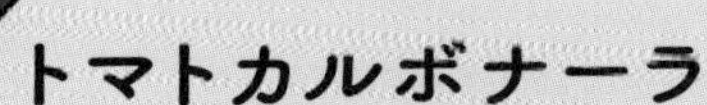

1人分

1 容器にパスタ（7分ゆで）100g（半分に折る）、水500mℓ、塩小½を入れ、ラップなしで11分チン。水気をきる。

2 別の容器に鶏もも肉100g（一口大に切る）、水・牛乳各100mℓ、顆粒コンソメ大1、おろしにんにく小1を入れ、ラップなしで5分半チン。

3 2に1のパスタ、卵黄1個分、バター10gを加えてからめ、黒こしょう・粉チーズ各適量をふる。

POINT! 好みでドライパセリを。

No.268 トマトカルボナーラ

1人分

A 水150mℓ、オリーブ油・顆粒コンソメ各小1、おろしにんにく小½

1 容器にパスタ（7分ゆで）80g（半分に折る）、カットトマト缶½個200g、ベーコン30g（細切り）、Aを入れて混ぜ、ラップなしで8分チン。混ぜて再び4分チン。

2 卵黄1個分を加えて混ぜ、粉チーズ大1、黒こしょう適量をふる。

POINT! 加熱ムラがないように途中で混ぜる。好みでドライパセリをかけて。

やる気TIPS
青じそは、ハリがあってみずみずしく、緑色が濃くて香りのあるものを選んで。

No.269 バターコーン カルボナーラ

1人分

1 容器にパスタ（7分ゆで）100g（半分に折る）、水500mℓ、塩小½を入れ、ラップなしで9分チン。水気をきる。

2 1にコーン（水煮）30g、牛乳100mℓ、白だし・顆粒だし各小½を加え、再び2分チン。卵黄1個分を加えて混ぜ、バター10gをのせる。

POINT! 白だしと顆粒だしで和風の味わいに。バターは余熱で溶かしながら食べて。

No.270 ヨーグルトでなめらか カルボナーラ

1人分

1 容器にパスタ（7分ゆで）100g（半分に折る）、マッシュルーム30g（薄切り）、水500mℓ、塩小½を入れ、ラップなしで11分チン。水気をきる。

2 1にヨーグルト30g、牛乳50mℓ、顆粒コンソメ小1、塩小¼、黒こしょう適量を加えて混ぜ、卵黄1個分も加えてからめる。

POINT! ヨーグルトはプレーンを使用。好みで粉チーズをかけて。

No.271 ほうれん草と明太子の クリームパスタ

1人分

A｜水200mℓ、牛乳150mℓ、小麦粉大1½、オリーブ油大1、顆粒コンソメ小1

1 容器にAを入れて混ぜ、パスタ（7分ゆで）80g（半分に折る）、ほうれん草½束（2㎝幅に切る）、バター20g、塩ひとつまみを加え、ラップなしで7分チン。混ぜて再び4分チン。

2 明太子30g（薄皮を取ってほぐす）を加えて混ぜ、粉チーズ・黒こしょう各適量をふる。

POINT! 途中で混ぜることで加熱ムラを防ぐ。好みでドライパセリや刻んだ青じそをかけても。

No.272 モッツァレラチーズパスタ

1人分

A 水・牛乳各150mℓ、オリーブ油大1、おろしにんにく・顆粒コンソメ各小1、塩小¼

1 容器にパスタ(7分ゆで)100g(半分に折る)と**A**を入れ、ラップなしで10分チン。

2 モッツァレラチーズ50gを加えて溶けるまで混ぜ、粉チーズ・黒こしょう各適量をふる。

おろしにんにくを加えることでやみつき感もアップ。ドライパセリをふっても。

No.273 味噌クリームソースパスタ

1人分

1 容器にパスタ(7分ゆで)100g(半分に折る)、水500mℓ、塩小½を入れ、ラップなしで10分チン。水気をきる。

2 ツナ缶1個70g(油をきる)、牛乳150mℓ、味噌大1、顆粒だし小1を加え、再び2分チン。よく混ぜる。

味噌と牛乳は意外にも相性抜群。好みで黒こしょうやドライパセリを。

No.274 豆乳クリームパスタ

1人分

1 容器にパスタ(7分ゆで)100g(半分に折る)、水500mℓ、塩小½を入れ、ラップなしで10分チン。水気をきる。

2 1にツナ缶1個70g(油をきる)、豆乳(無調整)50mℓ、オリーブ油大1、顆粒コンソメ小1、黒こしょう適量を加えてからめ、ラップなしで1分チン。

豆乳は無調整がおすすめ。仕上げにドライパセリをふっても。

やる気TIPS

カルボナーラには、仕上げに黒こしょうをたっぷりとふるのがおすすめです。

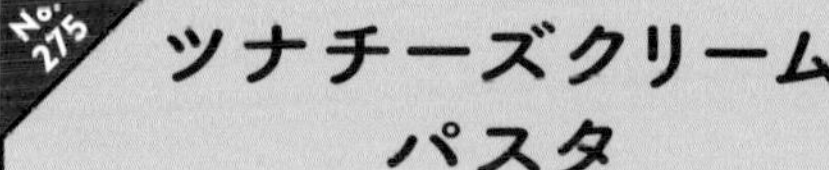

No.275 ツナチーズクリームパスタ

1人分

1 容器にパスタ(7分ゆで)100g(半分に折る)、水150mℓ、牛乳100mℓ、顆粒コンソメ小½、バター10gを入れ、ラップなしで9分チン。

2 ツナ缶1個70g(油をきる)、ピザ用チーズ50gを加えて混ぜ、ラップなしで3分チン。黒こしょう適量をふる。

POINT! ツナでうまみをプラスできる。好みでドライパセリをふって。

No.276 生ハムクリームパスタ

1人分

A | 牛乳200mℓ、水150mℓ、顆粒コンソメ小1、おろしにんにく小½、バター10g

1 容器にパスタ(7分ゆで)100g(半分に折る)、ピザ用チーズ20g、Aを入れて混ぜ、ラップなしで8分チン。混ぜて再び3分チン。

2 生ハム50gをのせ、黒こしょう適量をふる。

POINT! 生ハムは大きければちぎって。仕上げにドライパセリをふると見た目も味も◎。

No.277 バターとチーズのパスタ

1人分

1 容器にパスタ(7分ゆで)100g(半分に折る)、水500mℓ、塩小½を入れ、ラップなしで11分チン。水気をきる。

2 顆粒コンソメ・オリーブ油各小1を加えて混ぜ、バター20gをのせ、粉チーズ・黒こしょう各適量をふる。

POINT! 黒こしょうはたっぷりとふるのがおすすめ。バターを溶かしながら食べて。

No.278 簡単！のりパスタ

1人分

A　みりん大1、醤油小2、ごま油小1、砂糖・顆粒だし各小½

1 容器にパスタ(7分ゆで)100g(半分に折る)、水500mℓ、塩小½を入れ、ラップなしで11分チン。水気をきる。

2 焼きのり(半切)1枚(ちぎる)とAを加えて混ぜ、ラップなしで1分チンしてよく混ぜる。

POINT! 好みで刻みねぎを散らすと彩りアップ。

No.279 天かす和風パスタ

1人分

1 容器にパスタ(7分ゆで)100g(半分に折る)、水500mℓ、塩小½を入れ、ラップなしで10分チン。水気をきる。

2 醤油小2、みりん小1、砂糖・白だし各小½を加えて混ぜ、ラップなしで1分チン。天かす適量をかけて卵黄1個分をのせる。

POINT! 天かすで風味と食感をプラス。

No.280 青じそときのこのさっぱりパスタ

1人分

1 容器にパスタ(7分ゆで)100g(半分に折る)、水500mℓ、塩小½を入れ、ラップなしで10分チン。水気をきる。

2 しめじ⅓袋(ほぐす)、ポン酢小2、おろししょうが小1、砂糖小⅓を加えて混ぜ、ラップなしで3分チン。青じそ1～2枚(細切り)を散らす。

POINT! ポン酢とおろししょうがでさっぱり感のある味わいに。

やる気TIPS

汁物を作ってそこにパスタを加え、スープパスタにするのもおすすめ。

大根おろしでさっぱり!

No.281 ツナおろしパスタ

1人分

1 容器にパスタ(7分ゆで)100g(半分に折る)、水500mℓ、塩小½を入れ、ラップなしで11分チン。水気をきる。

2 ツナ缶1個70g(油をきる)を加えて混ぜ、大根おろし50gをのせる。麺つゆ大2、おろししょうが小1、酢小½を混ぜ合わせてかける。

POINT! ツナと大根おろしが好相性。大根おろしを混ぜながらどうぞ。

No.282 わかめ和風パスタ

わかめの食感と風味が主役!

1人分

A 醤油小2、みりん小1、顆粒だし・砂糖各小½

1 容器にパスタ(7分ゆで)100g(半分に折る)、水500mℓ、塩小½を入れ、ラップなしで10分チン。水気をきる。Aを加えて混ぜ、再び1分チン。

2 乾燥わかめ大1(湯で戻して水気をきる)、ツナ缶1個70g(油をきる)を加え、からめる。

POINT! 乾燥わかめは湯に5分ほどつけて戻して。好みで刻みねぎをふっても。

No.283 納豆パスタ

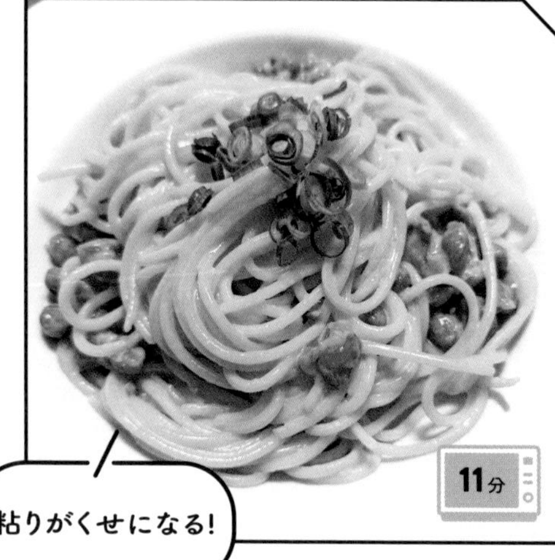

粘りがくせになる!

1人分

1 容器にパスタ(7分ゆで)100g(半分に折る)、水500mℓ、塩小½を入れ、ラップなしで11分チン。水気をきる。

2 納豆1パック、バター10g、麺つゆ・マヨ各大1を加えて混ぜる。

POINT! マヨでコクのある仕上がりに。最後に刻みねぎをのせても。

No.284 高菜明太パスタ

1人分

1 容器にパスタ(7分ゆで)100g(半分に折る)、水500mℓ、塩小½を入れ、ラップなしで11分チン。水気をきる。

2 高菜漬け30g、明太子30g(薄皮を取ってほぐす)、オリーブ油大1、麺つゆ小1を加えて混ぜる。

POINT! 高菜や明太子に味があるので少しの麺つゆでOK。卵黄をのせても美味。

No.285 バターたらこパスタ

1人分

1 容器にパスタ(7分ゆで)100g(半分に折る)、水500mℓ、塩小½を入れ、ラップなしで11分チン。水気をきる。

2 たらこ30g(薄皮を取ってほぐす)、バター10g、麺つゆ小2、顆粒だし小1を加えて混ぜ、青じそ2枚(細切り)、黒こしょう適量をかける。

POINT! たらこは薄皮に切り目を入れ、包丁やスプーンで身をこそげ取るとよい。

No.286 たらマヨパスタ

1人分

A マヨ大1½、おろしにんにく・麺つゆ・オリーブ油各小1

1 容器にパスタ(7分ゆで)100g(半分に折る)、水500mℓ、塩小½を入れ、ラップなしで11分チン。水気をきる。

2 たらこ30g(薄皮を取ってほぐす)と**A**を加えて混ぜる。

POINT! 仕上げに刻みねぎと黒こしょうをふってもOK。

やる気TIPS
高菜漬けは九州の名産で日本三大漬け菜の1つ。スーパーで購入できます。

No.287 ベーコンのコンソメ麺つゆパスタ

1人分

1 容器にパスタ(7分ゆで)100g(半分に折る)、水500mℓ、塩小½を入れ、ラップなしで10分チン。水気をきる。

2 厚切りベーコン50g(細切り)、なす½本(5㎜幅の半月切り)を加え、再び3分チン。顆粒コンソメ・麺つゆ各小1を加えて混ぜ、黒こしょう適量をふる。

No.288 さば缶パスタ

1人分

1 容器にパスタ(7分ゆで)100g(半分に折る)、水500mℓ、塩小½を入れ、ラップなしで10分チン。水気をきる。

2 さば缶(水煮)1個150g、オリーブ油大1、おろしにんにく小1を加えて混ぜ、ラップなしで1分チン。塩・こしょう各適量で味を調える。刻みねぎ適量をのせる。

No.289 シーフードパスタ

1人分

1 容器にパスタ(7分ゆで)100g(半分に折る)、水500mℓ、塩小½を入れ、ラップなしで9分チン。水気をきる。

2 シーフードミックス(冷凍)80g、バター大1、醤油小2、顆粒だし小1を加えて混ぜ、ラップなしで3分チン。

シーフードミックスは冷凍のまま加えてOK。好みで黒こしょうをたっぷりどうぞ。

韓国風の
ピリ辛麺に!

No.290 ビビンパスタ

1人分

A 焼き肉のたれ大1、おろしにんにく・コチュジャン・ごま油各小1、黒こしょう適量

容器にパスタ(7分ゆで)100g(半分に折る)、合いびき肉80g、水500mℓ、塩小¼を入れ、ラップなしで8分チン。水気をきる。キムチ50gとAを加え、よく混ぜて再び3分チン。

POINT! ひき肉のうまみもよい調味料に。好みで刻みねぎや刻みのりをのせると◎。

やみつきに
なる辛さ!

No.291 ピリ辛ラー油ペペロンチーノ

1人分

1. **容器にパスタ(7分ゆで)100g(半分に折る)、水500mℓ、塩小½を入れ、ラップなしで10分チン。ウインナー2本(斜め薄切り)を加え、再び2分チン。水気をきる。**
2. **麺つゆ大1、おろしにんにく小1、ラー油適量を加えて混ぜ、七味唐辛子適量をふる。**

POINT! 赤唐辛子の代わりにラー油でピリ辛味に。七味の量で辛さを調整して。

No.292 チーズぺぺたま

卵黄で
ぐっと濃厚に!

1人分

A 水300mℓ、オリーブ油大1、塩小½、赤唐辛子1本(輪切り)

1. **容器にパスタ(7分ゆで)100g(半分に折る)とAを入れ、ラップなしで11分チン。**
2. **卵黄1個分、麺つゆ大1、おろしにんにく小1½、黒こしょう適量を加えて混ぜ、粉チーズ適量をかける。**

POINT! 粉チーズと黒こしょうはたっぷりふるのがおすすめ。

やる気TIPS
パスタはレンジ調理にも向いています。早ゆでを選ぶと時短になっておすすめ。

No.293 鶏肉スープパスタ

スープまで
おいしい

12分

1人分

A | 水600mℓ、オリーブ油・顆粒コンソメ各大1、おろしにんにく小1

1 **容器にパスタ(7分ゆで)100g(半分に折る)、鶏もも肉100g(小さめの一口大に切る)、Aを入れて混ぜ、ラップなしで9分チン。混ぜて再び3分チン。**

2 **よく混ぜて塩適量で味を調え、黒こしょう適量をふる。**

鶏肉のうまみをパスタに吸わせる。黒こしょうはたっぷりどうぞ。

No.294 ねぎ塩豚パスタ

1人分

A | おろしにんにく・ごま油各小1、鶏ガラの素小½、塩小¼、黒こしょう適量

1 **容器にパスタ(7分ゆで)100g(半分に折る)、水500mℓ、塩小½を入れ、ラップなしで7分チン。水気をきる。**

2 **豚こま肉80gを加え、ラップをして5分チン。水気がある場合はきる。長ねぎ10cm(斜め薄切り)、Aを加えて混ぜる。**

豚肉は1枚ずつ広げて入れ、加熱ムラを防いで。

No.295 ミートスパゲティ

1人分

A | 水150mℓ、カットトマト缶½個200g、顆粒コンソメ・おろしにんにく各小1、ケチャップ・麺つゆ・オリーブ油各大1

容器にパスタ(7分ゆで)100g(半分に折る)、合いびき肉80gとAを入れ、ラップなしで8分チン。混ぜて再び4分チン。粉チーズ適量をふる。

トマト缶はカットタイプが使いやすい。好みでドライパセリをかけても。

No.296 ボロネーゼ

1人分

A ケチャップ大1、おろしにんにく・顆粒コンソメ各小1、ソース小½

1 容器に**パスタ(7分ゆで)100g**(半分に折る)、**水500mℓ**、**塩小½**を入れ、ラップなしで9分チン。水気をきる。

2 別の容器に**合いびき肉50g**と**A**を入れて混ぜ、ラップをして3分チン。混ぜて再び2分チン。1のパスタとあえ、**粉チーズ適量**をふる。

POINT! ひき肉に調味料を混ぜてから加熱し、味をしっかりつける。

No.297 卵かけパスタ

1人分

1 容器に**パスタ(7分ゆで)100g**(半分に折る)、**水500mℓ**、**塩小½**を入れ、ラップなしで11分チン。水気をきる。

2 **醤油小2**、**顆粒だし小½**を加えて混ぜ、**卵1個**を割り入れて**七味唐辛子適量**をふる。

POINT! 卵かけご飯のように、生の卵を混ぜながら食べて。

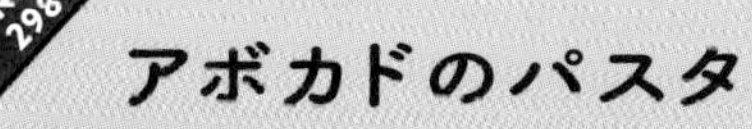

No.298 アボカドのパスタ

1人分

A 牛乳100mℓ、オリーブ油大1、おろしにんにく・顆粒コンソメ各小1

1 容器に**パスタ(7分ゆで)100g**(半分に折る)、**水500mℓ**、**塩小½**を入れ、ラップなしで10分チン。水気をきる。

2 1に**アボカド1個**(小さめに切る)と**A**を加えて混ぜ、ラップなしで2分チン。よく混ぜる。

POINT! 加熱後アボカドを粗くつぶしながら混ぜ、パスタになじませる。好みで黒こしょうを。

やる気TIPS

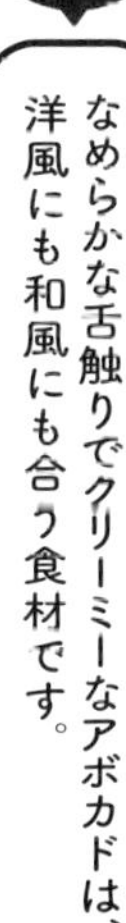

No.299 カレーパスタ

12分

子どもにも大人気!

1人分

A | 牛乳・水各150mℓ、カレールウ1片、ケチャップ大1

容器にパスタ(7分ゆで)100g(半分に折る)、合いびき肉50g、Aを入れ、ラップなしで8分チン。混ぜて再び4分チン。粉チーズ適量をふる。

ケチャップでトマト感をプラスしてパスタに合うカレー味に。

No.300 ハヤシパスタ

市販のルウで手軽に

1人分

A | 水300mℓ、ハヤシライスルウ1片、バター10g、ケチャップ小1

容器にパスタ(7分ゆで)100g(半分に折る)、合いびき肉50g、Aを入れて混ぜ、ラップなしで8分チン。混ぜて再び4分チン。

ハヤシライスルウは好みのものでOK。ルウが溶けてソースにとろみがつく。

チンしたパスタに混ぜるだけ!

No.301 バター釜玉パスタ

1人分

1. **容器にパスタ(7分ゆで)100g(半分に折る)、水500mℓ、塩小½を入れ、ラップなしで11分チン。水気をきる。**
2. **麺つゆ大1½、ごま油小1を加えてからめ、卵1個を割り入れてバター10gをのせる。**

好みで刻みねぎを添えると彩りが◎。卵を混ぜてバターを溶かしながら食べて。

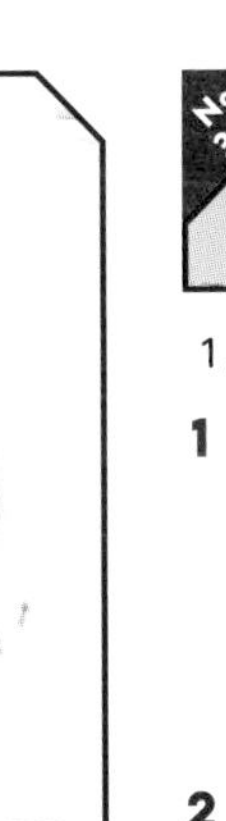

かつお節でうまみをプラス

No.302 焼きそばパスタ

1人分

1 容器にパスタ(7分ゆで)100g(半分に折る)、水500mℓ、塩小½を入れ、ラップなしで9分チン。水気をきる。キャベツ1～2枚(一口大に切る)、厚切りベーコン50g(細切り)を加え、再び3分チン。

2 お好みソース大1、おろしにんにく小1、醤油小½を加えて混ぜ、かつお節適量をかける。

卵黄がとろ～り!

No.303 和風油そば風パスタ

1人分

1 容器にパスタ(7分ゆで)100g(半分に折る)、水500mℓ、塩小½を入れ、ラップなしで11分チン。水気をきる。

2 焼き肉のたれ大1½、ごま油・おろしにんにく各小1を加えて混ぜ、卵黄1個分をのせる。

焼き肉のたれで味が決まる。好みで白ごまや刻みねぎを散らして。

中華麺とはひと味違う!

No.304 ラーメンスープパスタ

1人分

1 容器にパスタ(7分ゆで)100g(半分に折る)、水500mℓ、塩小½を入れ、ラップなしで9分チン。水気をきる。

2 水400mℓ、醤油・ごま油各大1、鶏ガラの素小2、おろしにんにく小1を混ぜて**1**に加え、もやし½袋100gも加え、ラップなしで4分チン。刻みねぎ適量をのせる。

トッピングの具材はお好きなものを。白ごまをふっても。

やる気TIPS

にんにくはかたさと重さがしっかりあり、丸みのあるものを選ぶのがポイント。

PART

07

ランチや夜食にも
もってこい!

うどんバリエ

冷凍のままレンジ調理できる冷凍うどんは、ストックしておくと重宝します。
釜玉うどん、カレーうどん、冷やしうどん、油うどんなど……
合わせる素材や味つけを変えれば、毎日食べても飽きません!

No.305 青じその塩バター釜玉うどん

1人分

1 容器に冷凍うどん1玉200gを入れ、ラップをして5分チン。

2 塩少々、鶏ガラの素・おろしにんにく各小½、ごま油小1、青じそ1枚(せん切り)、溶き卵1個分を加えて混ぜる。バター10gをのせ、黒こしょう適量をふる。

POINT! うどんが熱いうちに調味料などを混ぜて。刻みねぎやのりをかけてもおいしい。

No.306 鶏ガラ醤油釜玉うどん

1人分

1 容器に冷凍うどん1玉200gを入れ、ラップをして5分チン。

2 湯適量、鶏ガラの素・おろしにんにく各小½、醤油小2、ごま油小1をからめる。刻みねぎ適量、卵黄1個分をのせる。

POINT! 湯の量で好みの塩加減に調整して。

No.307 甘辛天かす釜玉うどん

1人分

1 容器に醤油大1、ごま油・砂糖各小1を入れて混ぜ、冷凍うどん1玉200gを加え、ラップをして5分チン。

2 天かす大1、刻みねぎ適量を加えて混ぜ、卵黄1個分をからめる。

POINT! 好みで天かすも一緒にチンしてふやかしても美味。

やる気TIPS
冷凍うどんは凍ったままでも使えて時短になるため、ストックしておくと重宝。

No.308 だし釜玉チーズうどん

1人分

1 容器に冷凍うどん1玉200gを入れ、ラップをして5分チン。

2 麺つゆ大1、顆粒だし小½、ピザ用チーズ15g、卵1個を加えて混ぜ、粉チーズ・黒こしょう各適量をふる。

POINT! うどんが熱いうちに混ぜてチーズを溶かす。

No.309 ナポリタン風 釜玉うどん

1人分

1 容器にケチャップ・オリーブ油各大1、醤油小1、顆粒コンソメ小½、厚切りベーコン30g(食べやすく切る)を入れて混ぜ、冷凍うどん1玉200gを加え、ラップをして5分チン。

2 卵1個を加えてよくからめ、黒こしょう適量をふる。

POINT! 卵を加えることで、まったり濃厚な味わいに。好みでドライパセリをふっても。

No.310 トマトチーズ 釜玉うどん

1人分

1 容器に水100mℓ、顆粒コンソメ小1、ウインナー1本(斜め薄切り)、カットトマト缶½個200gを入れて混ぜる。冷凍うどん1玉200gを加え、ラップをして5分チン。

2 溶き卵1個分を加えて混ぜ、ラップをして1分半チン。粉チーズ・黒こしょう各適量をふる。

POINT! ウインナーの代わりにベーコンやツナ缶でアレンジしても。

No.311 おろし牛釜玉

1人分

1 容器に牛薄切り肉80g、麺つゆ大1、ごま油・おろししょうが各小1を入れて混ぜる。冷凍うどん1玉200gを加え、ラップをして6分チン。

2 溶き卵1個分を加えてからめ、大根おろし30g、刻みねぎ適量をのせる。

POINT! 卵はひと呼吸おいてからからめると、とろける食感に。

No.212 味噌だれ釜玉うどん

1人分

A | 水大3、味噌小2、麺つゆ・ごま油・おろししょうが各小1

容器に冷凍うどん1玉200gを入れ、混ぜ合わせたAをかけ、ラップをして5分チン。卵黄1個分をのせて刻みねぎ適量を散らす。

POINT! 味噌がよく溶けるように調味料はよく混ぜてからかける。

No.313 バター醤油釜玉うどん

1人分

1 容器に冷凍うどん1玉200gを入れ、ラップをして5分チン。

2 醤油小2、顆粒だし小½、溶き卵1個分を加えて混ぜ、バター20g、刻みねぎ適量をのせる。

POINT! 仕上げに白ごまを散らしてもおいしい。

やる気TIPS
粉チーズは冷蔵すると固まるので、夏以外は常温（冷暗所）で保存すると◎。

No.314 冷やしツナわかめうどん

1人分

1. 容器に**冷凍うどん1玉200g**を入れ、ラップをして5分チンし、冷水で冷やして水気をきる。
2. **麺つゆ大3**、**水大1**、**顆粒だし小½**を混ぜ合わせ、1にかけて混ぜる。
3. **乾燥わかめ大1**(水で戻す)、**ツナ缶1個70g**(油をきる)、**刻みねぎ適量**、**卵黄1個分**をのせ、**白ごま適量**を散らす。

POINT! 食べるときは豪快に混ぜ合わせてどうぞ。

No.315 ピリ辛冷やしラー油ぶっかけうどん

1人分

A 水200mℓ、麺つゆ100mℓ、鶏ガラの素・ラー油各小½、ごま油小1

1. 容器に**冷凍うどん1玉200g**を入れ、ラップをして5分チン。冷水で冷やして水気をきる。
2. 混ぜ合わせた**A**をかけ、**刻みねぎ・白ごま各適量**をふる。

POINT! **A**の水の一部を氷にしてより冷やしても。

No.316 冷やしキムチきゅうり油うどん

1人分

1. 容器に**冷凍うどん1玉200g**を入れ、ラップをして5分チンし、冷水で冷やして水気をきる。
2. **きゅうり½本**(細切り)、**キムチ50g**、**ごま油小2**、**塩少々**を加えて混ぜ、**白ごま適量**をふる。

POINT! よく混ぜてキムチとごま油を全体になじませる。白ごまは好きなだけどうぞ。

No.317 絶品冷やし油うどん

1人分

A | 麺つゆ大1、醤油少々、ごま油小1、おろしにんにく小½、ラー油適量

1 容器に冷凍うどん1玉200gを入れ、ラップをして5分チンし、冷水で冷やして水気をきる。

2 A、卵白1個分を加えて混ぜ、卵黄1個分、刻みのり適量をのせる。

POINT! あらかじめ卵白を混ぜておくと口当たりがよくなる。

No.318 ツナの梅つゆ冷やしうどん

1人分

1 容器に冷凍うどん1玉200gを入れ、ラップをして5分チンし、冷水で冷やして水気をきる。

2 麺つゆ大1、おろししょうが・ごま油各小1を混ぜ合わせる。

3 1にツナ缶1個70g(油をきる)、青じそ適量(細切り)、梅干し1個(種を取って刻む)をのせ、2をかける。

POINT! マヨネーズを加えてアレンジしても。

No.319 中華風冷やしわかめうどん

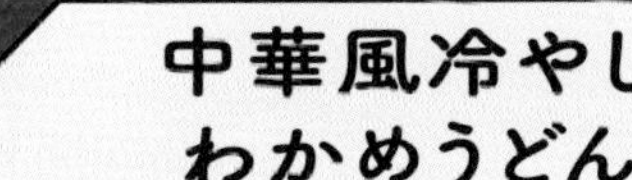

1人分

1 容器に冷凍うどん1玉200gを入れ、ラップをして5分チンし、冷水で冷やして水気をきる。

2 乾燥わかめ大1(水で戻す)、麺つゆ大1½、ごま油小1、酢・おろしにんにく各小½を加えて混ぜ、刻みねぎ・白ごま各適量を散らす。

POINT! わかめをめかぶやもずくにしてアレンジしても合う。

やる気TIPS
キムチには塩気や辛味の他、魚介のうまみも含まれており、味が決まりやすい。

No.320 担々風豚蒸しうどん

1人分

1 容器に冷凍うどん1玉200g、豚こま肉100gを入れ、ラップをして5分チン。

2 ごまドレッシング(市販)・麺つゆ・水各大2、ラー油小1を混ぜ合わせ、1にかけて混ぜ、刻みねぎ適量をかける。

POINT! 混ぜ合わせた調味料をうどんとからめてから、具材をのせる。

No.321 あったかチゲうどん

1人分

A | 水200mℓ、麺つゆ大2、おろしにんにく・コチュジャン・ごま油各小1

容器にAを入れて混ぜ、冷凍うどん1玉200g、豆腐⅓丁100g(大きめの一口大に切る)、豚こま肉80g、ニラ¼束(3cm長さに切る)を加え、ラップをして6分チン。白ごま適量を散らす。

POINT! 豆腐は絹ごしでも木綿でもOK。好みでラー油や刻みねぎをかけても美味。

No.322 豚こまあんかけうどん

1人分

1 容器に冷凍うどん1玉200g、豚こま肉80g、水200mℓ、麺つゆ大2、ごま油小1を入れ、ラップをして5分チン。

2 水溶き片栗粉(水大1、片栗粉大2)を加えて混ぜ、ラップをして30秒チン。

POINT! とろみがつかなければ、様子を見て追加で30秒ずつチンする。

No.323 豚すき焼きうどん

1人分

1 容器に豚こま肉80g、玉ねぎ¼個(薄切り)、醤油大1、砂糖・みりん各小2を入れて混ぜる。冷凍うどん1玉200gを加え、ラップをして5分チン。

2 よく混ぜて卵黄1個分、刻みねぎ適量をのせる。

POINT! 調味料と合わせてチンすることで煮込み系うどんに。

No.324 豚キムチーズうどん

1人分

1 容器にキムチ50g、水大4、鶏ガラの素・ごま油各小1を入れて混ぜ、冷凍うどん1玉200g、豚こま肉100gを順にのせ、ラップをして5分チン。よく混ぜて再び2分チン。ピザ用チーズ30gをのせて再び1分チン。

2 溶き卵1個分を回しかけ、刻みねぎ適量をのせる。

POINT! うどんに豚肉をのせてチンすると肉のうまみがしみ込む。

No.325 豚こまねぎ塩うどん

1人分

1 容器に豚こま肉100g、酒小1、おろししょうが小½を入れて混ぜる。

2 水150mℓ、鶏ガラの素小1、塩小⅓、おろしにんにく小½を加えて混ぜ、冷凍うどん1玉200gをのせ、ラップをして6分半チン。 刻みねぎ・黒こしょう各適量をふる。

POINT! 耐熱の器で作れば、チンしてそのまま食卓に出せる。

やる気TIPS

レンジ庫内の頑固な汚れは、クエン酸やレモン汁を使えば落ちやすくなります。

No.326 豚こまカレーうどん

1人分

容器に冷凍うどん1玉200g、豚こま肉80g、水300mℓ、白だし大1、顆粒だし小½、カレールウ1片を入れ、ラップをして7分チン。よく混ぜて刻みねぎ適量をのせ、一味唐辛子適量をふる。

POINT! 白だしと顆粒だしのダブル使いでだし香るお店の味に。

No.327 台湾混ぜそば風 のり豚こまうどん

1人分

1 **容器に冷凍うどん1玉200g、豚こま肉100gを入れ、ラップをして5分チン。**

2 **麺つゆ大1、ごま油小2、豆板醤・おろしにんにく各小½を加えて混ぜ、卵黄1個分、もみのり適量をのせる。**

POINT! よく混ぜて食べるとおいしさ倍増。

No.328 肉汁うどん

1人分

A 水100mℓ、醤油・みりん各小2、白だし・顆粒だし各小½

1 **容器に冷凍うどん1玉200gを入れ、ラップをして3分チン。**

2 **豚バラ薄切り肉80g(一口大に切る)、Aを加え、ラップをして5分チン。長ねぎ¼本(斜め薄切り)を加え、再び1分チン。**

POINT! あらかじめ調味料をよく混ぜておくと味がなじみやすい。

No.329 塩レモンうま鶏うどん

1人分

A 酒大1、塩少々、鶏ガラの素小1、黒こしょう適量

1 鶏もも肉½枚150g(一口大に切る)に**A**をからめて下味をつける。

2 容器に冷凍うどん1玉200gを入れて1をのせ、ラップをして5分チン。混ぜて再び3分チン。レモン汁小½をかけて混ぜ、刻みねぎ適量をのせる。

POINT! 香りよく仕上げるため、レモン汁は仕上げにかけて。

No.330 シーフード野菜うどん

1人分

A 水200mℓ、醤油小2、鶏ガラの素・おろししょうが各小1

容器に冷凍うどん1玉200g、シーフードミックス(冷凍)50g、白菜1～2枚(食べやすく切る)、しめじ⅓袋(ほぐす)、**A**を入れ、ラップをして5分チン。黒こしょう適量をふり、ごま油小1を回しかける。

POINT! うどんとスープを合わせてチンすることで煮込んだような味になる。

No.331 しらすと明太子のぶっかけうどん

1人分

1 容器に冷凍うどん1玉200gを入れ、ラップをして5分チン。

2 麺つゆ大2、おろししょうが小1、顆粒だし小½、水80mℓを混ぜて1にかけ、しらす30g、明太子30g(薄皮を取ってほぐす)をのせ、刻みねぎ適量を散らす。

POINT! しらすのほどよい塩気とうまみが調味料代わりになる。

やる気TIPS
しらすは小分けにしてラップに包み、冷凍保存を。平らにするのがポイント。

No.332 しょうがかきたまうどん

1人分

1 容器に水200mℓ、醤油小2、鶏ガラの素・おろししょうが各小1を入れて混ぜる。冷凍うどん1玉200gを加え、ラップをして5分チン。

2 溶き卵1個分を加え、ラップをして1分チン。刻みねぎ適量をのせる。

POINT! 噴きこぼれないよう深さのある容器で作る。溶き卵は全体に回しかけるようにして。

No.333 梅卵とじうどん

1人分

1 容器に冷凍うどん1玉200g、水200mℓ、白だし大1½、顆粒だし小1を入れ、ラップをして5分チン。

2 水溶き片栗粉(水・片栗粉各大1)を加えて混ぜ、ラップをして30秒チン。溶き卵1個分を加え、再び1分チン。

3 梅干し1個(種を取って刻む)、刻みねぎ適量をのせる。

POINT! とろみがつかなければ、様子を見て追加で30秒ずつチンする。

No.334 バターポン酢うどん

1人分

1 容器に冷凍うどん1玉200gを入れ、ラップをして5分チン。

2 ポン酢小2、ごま油・おろししょうが各小1を加えて混ぜ、バター10gをのせる。もみのり適量を散らす。

POINT! のりの風味がほどよいアクセントになる。

No.335 生ハムクリーミーWチーズうどん

口の中でとろけまくる

1人分

1. 容器に冷凍うどん1玉200gを入れ、ラップをして4分チン。
2. 牛乳50mℓ、ピザ用チーズ30g、麺つゆ・オリーブ油各大1を加えて混ぜ、ラップをして1分チン。
3. よく混ぜて生ハム適量、卵黄1個分をのせ、粉チーズ・黒こしょう各適量をふる。

POINT! 冷凍うどんは好みで柔らかく仕上げるとソースとよくからむ。

No.336 天かす油うどん

サクサク食感が美味!

1人分

A 焼き肉のたれ大1、ごま油小1、鶏ガラの素・酢・おろしにんにく各小½

容器に冷凍うどん1玉200gを入れ、ラップをして5分チン。**A**を加えて混ぜ、天かす・刻みねぎ・刻みのり各適量、卵黄1個分をのせる。

POINT! あらかじめ調味料をよく混ぜておくと味が全体にからみやすい。

No.337 和風だし油うどん

悶絶のうまみ!

1人分

1. 容器に冷凍うどん1玉200gを入れ、ラップをして5分チン。
2. 麺つゆ・白だし各小1、ごま油小2、顆粒だし小½を加えて混ぜ、かつお節適量、卵黄1個分、刻みのり適量をのせる。

POINT! 調味料はうどんが熱いうちによく混ぜて。

やる気TIPS

梅肉は梅干しを刻んで使うのはもちろん、チューブのものを活用しても◎。

No.338 ヤンニョムうどん

1人分

1 容器に麺つゆ大1、ごま油・コチュジャン各小1、おろしにんにく・おろししょうが各小½を入れて混ぜ、冷凍うどん1玉200gを加える。ラップをして5分チン。

2 溶き卵1個分を加えて混ぜ、刻みのり・刻みねぎ各適量をのせる。

POINT! 先に調味料を混ぜておくと、全体に味がからみやすい。

No.339 悪魔のヤンニョムチーズうどん

1人分

1 容器に冷凍うどん1玉200gを入れ、ラップをして5分チン。

2 ケチャップ大1、コチュジャン小2、麺つゆ・ごま油各小1、おろしにんにく小½、白ごま適量を加えて混ぜる。卵黄1個分をのせ、粉チーズ適量をふる。

POINT! 辛いのが好きな方はラー油や一味唐辛子を加えても。

No.340 絶品ビビンうどん

1人分

1 容器に冷凍うどん1玉200gを入れ、ラップをして5分チン。

2 焼き肉のたれ大1、ごま油・コチュジャン各小1を加えて混ぜ、白ごま適量をふる。刻みねぎ・刻みのり各適量、煮卵(市販)1個(半分に切る)をのせる。

POINT! うどんはチンしたあと冷水にさらし、冷たくしてもおいしい。

最高に濃厚!

No.341 バター カルボナーラうどん

1人分

1 容器に冷凍うどん1玉200g、ウインナー1本(斜め薄切り)を入れ、ラップをして5分チン。

2 **牛乳50mℓ**、卵1個、**粉チーズ・マヨ各大1**、**顆粒コンソメ小1**を混ぜ合わせ、**1**に加えてあえる。**黒こしょう適量**をふり、**バター適量**をのせる。

POINT! ソースの材料は混ぜておき、うどんが熱いうちにあえてクリーミーに仕上げて。

濃厚ソースがレンジで1発!

No.342 ボロネーゼうどん

1人分

1 容器に豚ひき肉80g、**ケチャップ大1**、**顆粒コンソメ・砂糖各小1**を入れて混ぜ、冷凍うどん1玉200gをのせる。ラップをして5分チン。

2 よく混ぜて卵黄1個分をのせ、**粉チーズ適量**をふる。

POINT! チンする前にひき肉はよく混ぜてほぐしておく。好みでドライパセリを。

懐かしいあの味を再現!

No.343 ナポリタンうどん

1人分

A ケチャップ大1½、顆粒コンソメ・オリーブ油各小1、おろしにんにく小½

容器に冷凍うどん1玉200g、ウインナー1本(斜め薄切り)、ピーマン½個(輪切り)、混ぜ合わせた**A**を入れ、ラップをして6分チン。よく混ぜて**黒こしょう・粉チーズ各適量**をふる。

POINT! 調味料と一緒にチンすることでうどんがソースとよくからむ。

やる気TIPS
うどんの調味に迷ったときは、パスタの味つけをそのままあてはめてみて。

ほったらかしでOK! 炊飯器レシピ

No.344 焼き肉のたれで手羽先煮込み

1～2人分

A 水250mℓ、焼き肉のたれ大4、鶏ガラの素・おろしにんにく・おろししょうが各小1

炊飯釜に手羽先8本、Aを入れて混ぜ、通常炊飯。よく混ぜる。

POINT! 調味料を加えたらよく混ぜて。白ごまや刻みねぎをふるとさらにおいしい。

No.345 炊飯器で麻婆豆腐

1～2人分

A 水150mℓ、焼き肉のたれ大3、ごま油大1、味噌・砂糖各小2、おろしにんにく・おろししょうが各小1½

1. **炊飯釜に豆腐1丁300g(さいの目切り)、豚ひき肉100g、Aを入れて混ぜ、通常炊飯。**
2. **水溶き片栗粉(水大2、片栗粉大1)を加え、とろみがつくまで混ぜる。ラー油小1を加え、5分保温。**

POINT! 水溶き片栗粉とラー油を加えたら、再びふたをして保温モードに。好みで刻みねぎを。

No.346 炊飯器で激うまおでん

1～2人分

A 水400mℓ、麺つゆ大2、みりん大1、醤油・顆粒だし各小2、鶏ガラの素小1

炊飯釜に大根¼本(皮をむいて2cm幅の輪切り)、ちくわ4本(食べやすく切る)、ゆで卵2個、Aを入れて混ぜ、通常炊飯。

POINT! ちくわのうまみでだしが出る。具材は好みのものでどうぞ。

材料を入れたらスイッチを押すだけ！ 炊飯器におまかせなので失敗知らず。
和洋中の煮込みおかずから主食まで幅広いメニューが作れます。

No.347 豚バラポトフ煮

1～2人分

炊飯釜に顆粒コンソメ・麺つゆ各小1、水400mℓを入れて混ぜ、じゃがいも1個(皮をむいて一口大に切る)、玉ねぎ½個(くし形切り)、にんじん1本(乱切り)、豚バラ薄切り肉150g(一口大に切る)を加えて通常炊飯。

麺つゆでご飯にも合う味に。好みでドライパセリをふっても◎。

No.348 チキンとコーンのトマト煮込み

1～2人分

A 水100mℓ、オリーブ油・ケチャップ各大1、醤油小2、顆粒コンソメ小1

炊飯釜に鶏もも肉1枚250g、カットトマト缶½個200g、コーン(水煮)20g、**A**を入れて通常炊飯。よく混ぜ、鶏肉は食べるときに一口大に切る。

鶏肉は丸ごと炊飯し、うまみを引き出す。好みで黒こしょうを。

No.349 バターシーフードカレー

1～2人分

A 水250mℓ、カレールウ2片、バター10g、おろしにんにく小1

炊飯釜に豚バラ薄切り肉150g(一口大に切る)、シーフードミックス(冷凍)100g、玉ねぎ½個(薄切り)、**A**を入れて混ぜ、通常炊飯。よく混ぜる。

豚肉とシーフードのダブルのうまみがgood。ご飯にたっぷりかけてどうぞ。

ほったらかしでOK！炊飯器レシピ

2～3人分

A｜水2合分、麺つゆ大4、白だし大1

炊飯釜に白米2合(研ぐ)、舞茸1袋100g(一口大にほぐす)、しいたけ2個(薄切り)、ごぼう1本(皮をむいて薄切り)、Aを入れて混ぜ、通常炊飯。よく混ぜる。

麺つゆと白だしのダブル使いで味わい充分。

No.351 さば缶で炊き込みご飯

缶詰で超手軽！

2～3人分

A｜水2合分、みりん大2、醤油大1½

1 **炊飯釜に白米2合(研ぐ)、さば缶(水煮)1個150g、Aを入れて混ぜ、通常炊飯。**

2 **長ねぎ⅓本(みじん切り)、白ごま少々を加えて混ぜ、5分保温。**

さば缶は汁ごと加えて。ねぎと白ごまを加えたら、蒸らしながらなじませる。

2～3人分

A｜水2合分、ごま油大2、鶏ガラの素小2、塩小½

1 **炊飯釜に白米2合(研ぐ)、鶏もも肉1枚250g(小さく切る)、Aを入れて混ぜ、通常炊飯。**

2 **溶き卵2個分、刻みねぎ適量、おろしにんにく小1を加えて混ぜ、5分保温。**

卵やねぎを混ぜたら、ふたをして保温で火を通す。好みでこしょうや追い刻みねぎを。

No.353 バターピラフ

2〜3人分

A 水2合分、バター20g、顆粒コンソメ大1、麺つゆ小2

炊飯釜に白米2合(研ぐ)、**ウインナー8本**(1㎝幅に切る)、**玉ねぎ½個**(薄切り)、**コーン**(水煮)**50g、Aを入れて通常炊飯。よく混ぜる。**

ウインナーのうまみもご飯にしみて美味。好みでドライパセリをふっても。

No.354 海鮮たこ飯

2〜3人分

A 水2合分、醤油大2、みりん大1、おろししょうが・顆粒だし各小1

炊飯釜に白米2合(研ぐ)、**シーフードミックス**(冷凍)**100g、ゆでたこ100g**(1㎝幅に切る)、**Aを入れて混ぜ、通常炊飯。よく混ぜる。**

好みで刻みねぎをのせると彩りアップ。バターを添えても。

No.355 わかめご飯

2〜3人分

A 水2合分、醤油・みりん・白だし・顆粒だし各小1

炊飯釜に白米2合(研ぐ)、**ちりめんじゃこ10g、乾燥わかめ5g**(砕く)、**Aを入れて混ぜ、通常炊飯。よく混ぜて白ごま適量をふる。**

乾燥わかめは戻さず加えてOK。砕くとご飯に混ざりやすくなる。

ワンプレートで
主役になる!

チャーハンや混ぜご飯、雑炊やリゾットといったご飯ものや、
そうめん、焼きそばなどの麺類、サンドイッチやキッシュ……。
朝昼晩あらゆる場面で活躍する主食メニューが、
レンジ調理でぐっと手軽に!

No.356 豚こま バターチャーハン

1人分

A 鶏ガラの素小1、バター10g、塩ひとつまみ、黒こしょう適量

容器にご飯200g、豚こま肉100g(小さく切る)、溶き卵1個分、Aを入れ、ラップをして4分チン。よく混ぜる。

加熱後はよく混ぜて。最後に刻みねぎをふると彩りが◎。

No.357 キムチチャーハン

1人分

容器にご飯200g、ウインナー3～5本(粗みじん切り)、キムチ80g、溶き卵1個分、ごま油小1、鶏ガラの素小½、黒こしょう適量を入れて混ぜ、ラップをして3分半チン。よく混ぜる。

卵でキムチの辛味がほどよくマイルドに。好みで刻みねぎを。

No.358 ガーリックライス

1人分

1. **容器にご飯200g、ウインナー2本(斜め薄切り)、麺つゆ・おろしにんにく各小1、黒こしょう適量を入れて混ぜる。**
2. **ラップをして3分半チン。バター10gを加えて混ぜながら溶かす。**

好みでドライパセリをふれば見た目もgood。

やる気TIPS

にんにくは細胞を壊すと香りが出るので、みじん切りにしたりつぶしたりすると◎。

No.359 ねぎ塩ペッパーライス

コーンで彩りアップ

6分

1人分

1 豚こま肉100gに鶏ガラの素・おろしにんにく各小1、白だし小½をもみ込む。

2 容器にご飯200gを入れ、1、コーン(水煮)20g、バター20gを順にのせて黒こしょう適量をふり、ラップをして6分チン。刻みねぎ適量を加えてよく混ぜる。

POINT! ご飯の上に具材をのせてうまみをしみ込ませるとおいしくなる。

素朴な喫茶店の味

No.360 ズボラ簡単ケチャップライス

1人分

容器にご飯200g、ウインナー2本(斜め切り)、コーン(水煮)30g、ケチャップ大1½、顆粒コンソメ小1を入れて混ぜ、ラップをして2分チン。よく混ぜる。

POINT! 仕上げにドライパセリをふっても。

肉厚なベーコンがジューシー

No.361 ベーコンピラフ

1人分

A | バター10g、おろしにんにく小1、塩少々、こしょう適量

容器にご飯200g、厚切りベーコン50g(食べやすく切る)、コーン(水煮)30g、Aを入れて混ぜ、ラップをして4分チン。黒こしょう適量をふる。

POINT! 加熱後もよく混ぜて。仕上げにドライパセリをふっても。

No. 362 和風海鮮混ぜご飯

1人分

容器にシーフードミックス(冷凍)60g、白だし小2、顆粒だし小½を入れて混ぜ、ラップをして3分チン。ご飯200gと混ぜ合わせる。

POINT! 白だしと顆粒だしで奥深い味わいに。好みで刻みねぎをのせてどうぞ。

No. 363 韓国風チーズ混ぜご飯

1人分

1 容器に豚こま肉80g、ご飯200g、にんじん¼本(細切り)、焼き肉のたれ大1½、コチュジャン・ごま油各小1を入れて混ぜ、ラップをして5分チン。

2 ピザ用チーズ30gをのせ、ラップをして1分チン。よく混ぜる。

POINT! 辛味はコチュジャンの量で調整を。

No. 364 さば塩昆布混ぜご飯

1人分

容器にさば缶(水煮)1個150g、ご飯200g、塩昆布大1、おろししょうが小1、白ごま適量を入れて混ぜ、ラップをして4分チン。よく混ぜる。

POINT! さばの身をほぐしながら混ぜて。刻みねぎを散らしても。

やる気TIPS
新鮮さが欲しいときは、異国風の味つけをしてみるとマンネリ防止に。

No.365 チーズ焼きおにぎり風

3分

やみつきになる!

1～2人分

1 ご飯300gに焼き肉のたれ大1½、顆粒だし小½を加えて混ぜる。

2 1を3等分にして中にピザ用チーズ30gを等分に入れ、おにぎりを作る。

3 耐熱皿に2を並べ、ラップをして2分チン。上下を返して再び1分チン。

チンしてとろけたチーズがコクのあるご飯によく合う。

絶品チーズキンパ

1人分

1 ご飯150g、キムチ80g(細かく切る)、コチュジャン小½、ごま油小⅓を混ぜ合わせる。

2 ラップの上に焼きのり(全形)1枚をのせて1を広げ、白ごま適量をふり、ピザ用チーズ30gをのせる。ラップごとのりを折りたたんで形を整え、1分半チン。

辛味が苦手な人はコチュジャンの量を減らしても。好みで食べやすく切って。

No.367 肉巻きおにぎり

1人分

1 焼き肉のたれ大2、ごま油・おろしにんにく各小1を混ぜる。

2 ご飯200gでおにぎりを作り、豚バラ薄切り肉150gで巻く。

3 容器に2を入れ、1を加えてからめ、ラップをして3分チン。上下を返して再び2分チン。

肉でご飯を覆うように包む。仕上げに白ごまをふっても。

No.368

さつまいもおにぎり

1人分

1 容器にさつまいも150g(皮ごと1cm角に切る)、水小1を入れ、ラップをして5分チン。

2 ご飯200g、1、塩少々、ごま油小½を混ぜ合わせ、おにぎりを作る。

POINT! さつまいもは熱が通るよう小さめに切って。好みで黒ごまを。

No.369

豚ごぼう飯

1人分

1 容器に豚こま肉100g、ごぼう¼本(皮をむいて細切り)、醤油小2、みりん・砂糖・麺つゆ各小1を入れて混ぜ、ラップをして3分チン。混ぜて再び2分チン。

2 ご飯200gを加えて混ぜる。

POINT! 具材にしっかり味をつけてからご飯を混ぜる。好みで刻みねぎをふって。

No.370

かしわ飯

1人分

容器に鶏もも肉100g(一口大に切る)、ご飯200g、麺つゆ大2、顆粒だし小1を入れて混ぜ、ラップをして7分チン。よく混ぜる。

POINT! 好みで刻みねぎをふってどうぞ。

やる気TIPS

さつまいもを保存するときは、新聞紙に包み、常温で。約1か月保存可。

No.371 ふわふわ卵雑炊

1人分

A 水150mℓ、麺つゆ大1、おろししょうが・白だし各小1

容器にご飯200g、卵1個、**A**を入れて混ぜ、ラップをして3分チン。

POINT! 好みで刻みねぎを散らしても。

No.372 トマトチーズ雑炊

1人分

1 容器にご飯150g、カットトマト缶½個200g、鶏ガラの素・白だし各小1、水250mℓを入れて混ぜ、ラップなしで5分チン。

2 ピザ用チーズ30gを加え、ラップなしで1分チン。

POINT! ラップなしでチンして水分をとばす。好みで刻みねぎを。

No.373 絶品ぐうたらカレードリア

1人分

1 容器にご飯150g、厚切りベーコン50g(細切り)、水100mℓ、カレールウ1片、バター10gを入れ、ラップをして5分チンし、混ぜる。

2 卵1個、ピザ用チーズ30gをのせ、卵黄に楊枝で穴をあける。ラップなしで1分半チン。

POINT! トースターで焼いてチーズを溶かしても。好みでドライパセリを。

牛乳でクリーミーに

4分

No.374 チーズリゾット

1人分

容器に**ご飯200g**、**厚切りベーコン50g**(細切り)、**ピザ用チーズ30g**、**牛乳150mℓ**、**顆粒コンソメ・オリーブ油各小1**を入れて混ぜ、ラップなしで4分チン。**黒こしょう適量**をふる。

POINT! ラップをせずに加熱し、水分をとばす。ドライパセリをふっても◎。

No.375 カレーリゾット

1人分

A 水200mℓ、カレールウ1片、おろしにんにく小1、バター10g

1 容器に**ご飯150g**、**A**を入れ、ラップなしで5分チンし、混ぜる。

2 **ピザ用チーズ50g**を散らし、ラップなしで1分チン。**卵黄1個分**をのせる。

POINT! 卵黄やチーズを混ぜながらどうぞ。

No.376 カルボナーラリゾット

1人分

1 容器に**ご飯200g**、**牛乳50mℓ**、**バター10g**、**顆粒コンソメ小1**を入れて混ぜ、ラップなしで4分チン。

2 **卵黄1個分**を加えて混ぜ、**粉チーズ小2**、**黒こしょう適量**をふる。

POINT! 最後にドライパセリをふるのもおすすめ。

やる気TIPS

シチューやカレーのルウは未開封なら常温、開封後は冷蔵で保存して早めに使って。

No. 377

豚バラとニラのピリ辛スタミナご飯

ガツンとうまい

1人分

1 容器に**豚バラ薄切り肉80g**(一口大に切る)、**キムチ50g**、**おろしにんにく・おろししょうが・ごま油各小1**を入れて混ぜ、ラップをして4分チン。

2 **キャベツ1～2枚**(ざく切り)、**ニラ¼束**(5cm長さに切る)、**塩少々**、**こしょう適量**を加えて混ぜ、ラップをして1分半チン。

3 **ご飯200g**と混ぜ合わせ、**卵黄1個分**をのせる。

POINT! キャベツとニラはあとで加えて食感を残す。

No. 378

レンジで天津飯

卵がふんわり

1人分

1 容器に**卵2個**、**かに風味かまぼこ1本**(食べやすく裂く)を入れて混ぜ、ラップをして1分チン。

2 別の容器に**麺つゆ大1**、**鶏ガラの素小½**、**水溶き片栗粉(水・片栗粉各大1)**を入れて混ぜ、ラップなしで30秒チン。

3 器に**ご飯150g**を盛って**1**をのせ、**2**をかける。

POINT! かにかまは手で裂けば包丁とまな板いらず。刻みねぎを散らしても。

No. 379

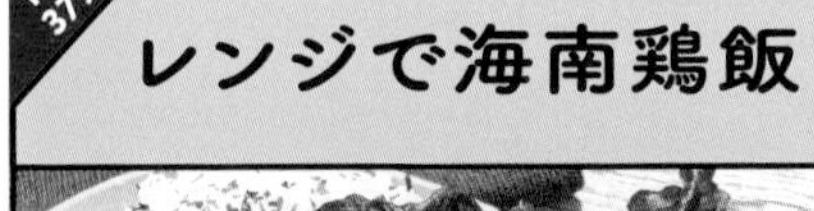

レンジで海南鶏飯

シンガポール風

1人分

A 焼き肉のたれ小2、オイスターソース・おろしにんにく・おろししょうが各小1

1 容器に**鶏もも肉½枚150g**(1cm幅に切る)、**酒大1**、**砂糖・鶏ガラの素各小½**を入れて混ぜ、ラップをして3分チン。上下を返して再び2分チン。

2 器に**ご飯200g**と**1**を盛り、混ぜた**A**を鶏肉にかける。

POINT! 好みでレタスを添え、ご飯にドライパセリを散らして。

No.380 豚こまキムチのビビンそうめん

1人分

1 容器に豚こま肉100g、酒小1、おろししょうが小½を入れて混ぜ、ラップをして4分チン。粗熱を取る。

2 耐熱ボウルにそうめん1束100g、水300mℓを入れ、菜箸で混ぜて麺をほぐす。ラップなしで5分チンし、洗って水気をきる。

3 1、2、キムチ50g、麺つゆ・ごま油各小1、酢小½を混ぜて器に盛り、卵黄1個分をのせる。

全体を混ぜながら食べて。好みで白ごまや刻みねぎを散らしても。

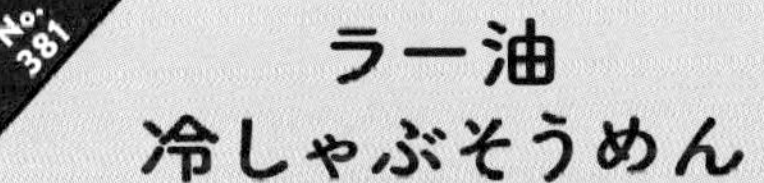

No.381 ラー油冷しゃぶそうめん

1人分

A 湯80mℓ、麺つゆ大2、ごま油・ラー油各小1、鶏ガラの素・おろししょうが各小½

1 耐熱ボウルにそうめん1束100g、豚バラ薄切り肉80g(一口大に切る)、水300mℓを入れ、菜箸で混ぜて麺をほぐす。ラップなしで5分チンし、洗って水気をきる。

2 器にAを入れて混ぜ、氷を加えて冷やす。1を入れる。

白ごまや刻みねぎをふるのもおすすめ。

No.382 麺つゆ鶏ガラぶっかけそうめん

1人分

A 水200mℓ、麺つゆ100mℓ、鶏ガラの素・おろししょうが各小½

1 耐熱ボウルにそうめん1束100g、水300mℓを入れ、菜箸で混ぜて麺をほぐす。ラップなしで5分チンし、洗って水気をきる。

2 耐熱の器にAを入れて混ぜ、ラップなしで30秒チン。氷を加えて冷やし、1を入れる。

そうめんは冷水でよく冷やして。好みで刻みねぎや黒こしょうを。

やる気TIPS

そうめんは湿気に弱いので、保存袋に入れて密封し、冷蔵庫で保存すると安心。

No.383 汁なし担々麺

豆板醤でうま辛!

6分

1人分

1 容器に豚ひき肉80g、焼き肉のたれ大$1\frac{1}{2}$、豆板醤小2を入れて混ぜ、ラップをして2分チン。混ぜて再び2分チン。

2 別の容器に水で洗った中華麺(蒸し)1玉を入れ、ラップをして2分チン。

3 2とごま油大1、ポン酢小2、おろしにんにく・おろししょうがが各小1を混ぜ、1をのせる。

好みで貝割れ大根や刻みねぎをのせ、ラー油で辛味を加えても。

No.384 ベーコン焼きそば

1人分

1 容器に水で洗った中華麺(蒸し)1玉を入れ、ラップをして1分チンし、ほぐす。

2 1に厚切りベーコン50g(細切り)、キャベツ1枚(一口大に切る)、もやし$\frac{1}{4}$袋50g、焼きそばソース大$1\frac{1}{2}$、塩・こしょう各適量を加えて混ぜ、ラップをして4分チン。

3 ごま油小1を加えて混ぜ、卵黄1個分をのせ、かつお節適量をふる。

ベーコンは厚切りを使うと食べごたえがアップ。

No.385 塩焼きそば

1人分

1 容器に豚こま肉80g、玉ねぎ$\frac{1}{4}$個(薄切り)、鶏ガラの素・おろししょうが・ごま油各小1、水大1を入れ、ラップをして3分チン。

2 1に水で洗った中華麺(蒸し)1玉、塩少々、黒こしょう適量を加え、ラップをして3分チン。よく混ぜる。

仕上げに刻みねぎを散らしても。

No.386 レンジでジャージャー麺

1人分

A 焼き肉のたれ大1、豆板醤・おろしにんにく・おろししょうが・ごま油各小1

1. 容器に豚ひき肉100g、**A**を入れて混ぜ、ラップをして2分チン。
2. 水溶き片栗粉（水・片栗粉各大1）を加えて混ぜ、ラップをして2分チン。
3. 別の容器に水で洗った中華麺（蒸し）1玉を入れ、ラップをして3分チン。**2**をかけ、きゅうり適量（細切り）、卵黄1個分をのせる。

全体を混ぜながら食べて。

No.387 ピリ辛麺

1人分

A 水400mℓ、醤油大1½、ごま油小2、豆板醤・おろしにんにく・鶏ガラの素各小1

1. 容器に豚ひき肉80g、**A**を入れて混ぜ、ラップなしで4分チン。もやし⅓袋65〜70gを加え、再び2分チン。
2. ニラ¼束（5cm長さに切る）、溶き卵1個分を加え、ラップなしで1分チン。
3. 別の容器に水で洗った中華麺（蒸し）1玉を入れ、ラップをして3分チン。**2**に加えてからめる。

スープは耐熱の器で作ればラク。

No.388 ごまドレ冷やし麺

1人分

1. 容器に水で洗った中華麺（蒸し）1玉を入れ、ラップをして3分チンし、ほぐして器に盛る。
2. 別の容器に豚こま肉100g、酒・おろししょうが各小1を入れて混ぜ、ラップをして5分チン。粗熱を取る。
3. ごまドレッシング（市販）大2、麺つゆ大1、白ごま適量を混ぜ合わせる。
4. **1**に**2**をのせて**3**をかけ、きゅうり（細切り）・刻みねぎ各適量を散らす。

ごまドレッシングは市販のものでOK。ごまの風味が食欲をそそる。

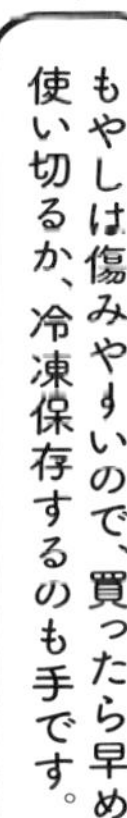

No.389 そば飯

1人分

1 容器に焼きそば麺1玉(細かく刻む)、ご飯150g、豚ひき肉50g、焼きそばソース大1½、麺つゆ小1を入れ、ラップをして5分チン。よく混ぜる。

2 黒こしょう適量をふり、刻みねぎ適量をのせる。

POINT! 麺はご飯粒と同じくらいの長さに刻んで。

No.390 こってり肉そば

1人分

A | 水200mℓ、醤油小2、みりん・砂糖・白だし各小1、顆粒だし小½

1 容器に豚こま肉80g、Aを入れ、ラップなしで5分チン。

2 別の容器に水で洗ったゆでそば1玉を入れ、ラップをして3分チンし、ほぐす。1に加え、長ねぎ¼本(斜め切り)をのせる。

POINT! スープは耐熱の器で作るとラク。長ねぎの辛味が苦手な方は薄めに切って。

No.391 麺つゆ月見そば

1人分

1 容器に水200mℓ、麺つゆ80mℓ、おろししょうが小1を入れ、ラップなしで4分チン。

2 別の容器に水で洗ったゆでそば1玉を入れ、ラップをして3分チンし、ほぐす。

3 1に2を加えて卵1個を割り入れ、刻みねぎ・かまぼこ各適量をのせる。

POINT! スープは耐熱の器で作るとラク。具は好みのものでどうぞ。

No. 392 カレーそば

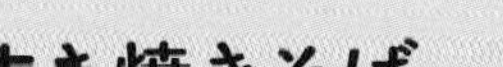
ウインナーと
チーズで洋風に

1人分

A 水250mℓ、カレールウ1片、白だし大1、顆粒だし小1

1 容器にA、**ウインナー2本**(斜め切り)を入れて混ぜ、ラップなしで4分半チン。

2 **ピザ用チーズひとつかみ**を加え、ラップなしで1分チン。

3 別の容器に水で洗った**ゆでそば1玉**を入れ、ラップをして3分チンし、ほぐす。**2**に加える。

POINT! スープは耐熱の器で作るとラク。好みで刻みねぎをのせても。

No. 393 すき焼きそば

甘辛味に
そばが合う

1人分

A 水100mℓ、醤油大1½、みりん大1、砂糖小2、白だし小1

1 容器に**牛こま肉80g**、**厚揚げ50g**(一口大に切る)、Aを入れて混ぜ、ラップをして4分チン。**長ねぎ⅓本**(斜め切り)を加え、再び1分チン。

2 別の容器に水で洗った**ゆでそば1玉**を入れ、ラップをして3分チンし、ほぐす。**1**に加えて**卵1個**を割り入れる。

POINT! スープは耐熱の器で作るとラク。厚揚げは大きめに切ると食べごたえが出る。

No. 394 かきたまとろろそば

とろろがやさしい

1人分

1 容器に**水300mℓ**、**白だし大4**、**顆粒だし小2**を入れて混ぜ、ラップなしで4分チン。**溶き卵1個分**を加え、再び1分チン。

2 別の容器に水で洗った**ゆでそば1玉**を入れ、ラップをして3分チンし、ほぐす。**1**に加える。

3 **長いも適量**(皮をむいてすりおろす)をかけ、**刻みねぎ適量**をのせる。

POINT! スープは耐熱の器で作るとラク。白だしベースであっさりめに仕上げて。

やる気TIPS

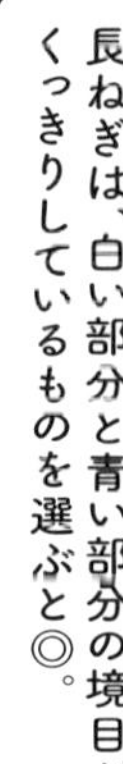
長ねぎは、白い部分と青い部分の境目がくっきりしているものを選ぶと◎。

No.395

絶品ちゃんぽん

おうちで長崎の味

4分

1人分

A｜水200mℓ、牛乳大2、みりん大1、醤油・鶏ガラの素各小2

1 容器に**ちゃんぽん麺1玉**、**キャベツ1枚**(ざく切り)、**かまぼこ20g**(細切り)、**もやし¼袋50g**、Aを入れて混ぜ、ラップなしで4分チン。

2 **塩・こしょう各適量**をふり、**刻みねぎ適量**をのせる。

具材は好みで替えてもOK。

No.396

本格チャプチェ

1人分

A｜水100mℓ、焼き肉のたれ大1½、おろしにんにく・ごま油各小1、醤油小½

容器に**牛薄切り肉100g**(一口大に切る)、**にんじん¼本**(細切り)、**ピーマン1個**(細切り)、**春雨40g**、Aを入れて混ぜ、ラップをして6分チン。よく混ぜる。

春雨は戻さず乾燥のままでOK。長ければ切って。好みで白ごまを。

No.397

豚肉と春雨のフォー

1人分

1 容器に**豚こま肉100g**、**にんじん¼本**(細切り)、**春雨40g**、**鶏ガラの素・白だし・おろししょうが各小1**、**水300mℓ**を入れて混ぜ、ラップをして6分チン。

2 **黒こしょう・レモン汁各適量**、**ごま油小1**をかける。

フォーの代わりに春雨を使って手軽に。

No. 398
コンソメベーコン春雨

1人分

容器に玉ねぎ¼個(薄切り)、ベーコン30g(細切り)、春雨30g、顆粒コンソメ小1、水300㎖を入れ、ラップなしで6分チン。塩・黒こしょう各適量で味を調える。

チンして春雨を戻しながら味をしみ込ませる。好みで刻みねぎを。

No. 399
春雨キムチ

1人分

容器にキムチ80g、春雨30g、顆粒だし・麺つゆ・おろしにんにく各小1、水300㎖を入れて混ぜ、ラップなしで6分チン。

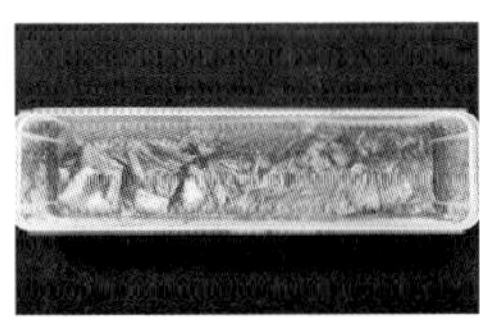

春雨が調味料に浸るように入れる。好みで黒こしょうや刻みねぎを。

No. 400
シャキシャキもやしのラーメン春雨

1人分

1 容器に春雨40g、水300㎖、醤油小2、ごま油・鶏ガラの素各小1を入れて混ぜ、ラップなしで5分チン。

2 もやし½袋100gを加え、ラップなしで2分チン。黒こしょう・刻みねぎ各適量をふる。

もやしは時間差で加えて食感よく仕上げる。

やる気TIPS

春雨の原料はでんぷん。さつまいもやじゃがいも、緑豆から作られているものも。

No.401 ツナたまチーズサンド

1人分

1 容器に溶き卵2個分、ツナ缶1個70g(油をきる)、ピザ用チーズ50g、塩・こしょう各少々を入れて混ぜ、ラップなしで1分チン。混ぜて再び1分チン。

2 マヨ大1を加えて混ぜ、食パン(10枚切り)2枚で挟む。食べやすく切る。

POINT! 好みで黒こしょうとドライパセリをふっても◎。

No.402 はちみつ卵サンド

1〜2人分

A 牛乳・マヨ各大2、はちみつ小1、塩・こしょう各適量

1 容器にゆで卵(市販)3個を入れてつぶし、ピザ用チーズひとつかみ、Aを加えて混ぜ、ラップをして1分チン。

2 食パン(10枚切り)4枚で1を均等に挟み、半分に切る。

POINT! ゆで卵は市販のものを使えば時短に。好みでドライパセリを。

No.403 フレンチトースト

1人分

1 容器に卵1個、ピザ用チーズ20g、砂糖大1、牛乳100mℓを入れて混ぜ、食パン(6枚切り)1枚(食べやすく切る)を浸す。

2 ラップをして1分半チン。返して再び1分半チン。はちみつ適量をかける。

POINT! 卵液に食パンをしっかり浸してからチンして。好みでドライパセリを。

4分

No.404 食パンでカレーグラタン

レトルトで簡単!

1人分

容器に食パン(6枚切り)1枚(ちぎる)、レトルトカレー(市販)1袋180g、牛乳大2、バター10gを入れ、ラップをして3分チン。ピザ用チーズ適量をのせ、再び1分チン。

レトルトカレーの味はお好みでどうぞ。ドライパセリをふっても。

No.405 チーズパンキッシュ

1人分

1 容器に食パン(6枚切り)1枚(ちぎる)、ソーセージ1本(斜め切り)、コーン(水煮)10g、卵1個、顆粒コンソメ小½、牛乳100㎖を入れて混ぜ、ラップなしで1分チン。

2 ピザ用チーズひとつかみをのせ、ラップなしで1分チン。

1で卵が固まっていなければ15秒ずつ追加でチン。ドライパセリをふっても。

やる気TIPS

食パンは冷凍保存しても。使うときは凍ったままトースターで焼けてラクチン。

PART 09

レンジでうまみを引き出す!

即席 スープ&ひとり鍋

鍋でコトコト煮込むのもいいですが、ひとり分の調理はレンジの方が効率的。
加熱中に野菜や肉などのうまみが出て、短時間でおいしく仕上がります。
具だくさんで味がしっかりしているレシピは、おかずとして食べても◎。

No.406 あったか豚汁

1人分

1 容器ににんじん¼本(細切り)、ごぼう¼本(皮をむいて細切り)を入れ、ラップをして3分チン。

2 豚バラ薄切り肉100g(一口大に切る)、味噌小2、顆粒だし小1、水300mℓを加えて混ぜ、ラップなしで10分チン。ごま油小1を回しかける。

POINT! 好みで刻みねぎをのせても。

No.407 豚もやしラー油スープ

1人分

A 水300mℓ、味噌小2、みりん・おろしにんにく・おろししょうが各小1、醤油・鶏ガラの素各小½

容器に豚バラ薄切り肉120g(一口大に切る)、もやし½袋100g、Aを入れて混ぜ、ラップなしで7分チン。ラー油小½を回しかける。

POINT! ラー油を増量して辛味をプラスしても。

No.408 豚骨風もやしスープ

1人分

A 水300mℓ、牛乳大2、味噌・麺つゆ各小2、鶏ガラの素小1、塩少々

容器にAを入れて混ぜ、豚バラ薄切り肉150g(一口大に切る)、もやし½袋100gを加え、ラップなしで5分チン。ごま油小1を回しかけ、刻みねぎ適量をのせる。

POINT! 好みでゆで卵、焼きのり、白ごまをプラスしても。

やる気TIPS

ラー油には辛味の強いものとそうでないものなど種類があるので、好みで選んで。

No. 409

豚バラのスタミナ味噌鍋

1人分

A | 水300mℓ、味噌大2、白だし小2、鶏ガラの素小1

1 **容器に豚バラ薄切り肉100g(一口大に切る)、もやし1/2袋100g、ニラ1/4束(3cm長さに切る)、おろしにんにく・おろししょうが各小1**を入れ、ラップをして3分チン。

2 Aを加えて混ぜ、ラップなしで3分チン。

POINT! Aは混ぜて味噌を溶かしておくとスムーズ。好みで刻みねぎを散らして。

No. 410

豚バラごま味噌鍋

1人分

A | 水300mℓ、麺つゆ大1、味噌小2、みりん・鶏ガラの素各小1

容器に豚バラ薄切り肉150g(一口大に切る)、白菜1～2枚(ざく切り)、しめじ1/2袋(ほぐす)、Aを入れて混ぜ、ラップなしで6分チン。**白ごま適量**を散らす。

POINT! 食べるときにごま油をかけると風味がアップする。

No. 411

豚バラねぎニラ鍋

1人分

A | 水300mℓ、醤油小2、味噌・砂糖・顆粒だし各小1

1 **容器に豚バラ薄切り肉150g(一口大に切る)、おろしにんにく・おろししょうが各小1**を入れ、ラップをして3分チン。

2 Aを加えて混ぜ、ラップなしで3分チン。**ニラ1/4束(3cm長さに切る)**を加えて混ぜ、**刻みねぎ適量**をのせる。

POINT! ニラは加熱後に混ぜて余熱で火を通す。

No.412 長ねぎの豚しゃぶ鍋

1人分

A 水300mℓ、白だし大1、酒・みりん各小2、顆粒だし小1

容器に豚薄切り肉（しゃぶしゃぶ用）150g、長ねぎ¼本（みじん切り）、Aを入れて混ぜ、ラップなしで7分チン。ごまだれ（市販）適量を添える。

POINT! 食べるときは市販のごまだれにつけて。好みのたれに替えてもOK。

No.413 豚こまでキムチスープ

1人分

容器に豚こま肉150g、キムチ80g、鶏ガラの素小2、水300mℓを入れて混ぜ、ラップなしで7分チン。

POINT! 好みで白ごまをたっぷりふると風味がアップする。

No.414 豚レモン鍋

1人分

容器に豚こま肉150g、麺つゆ大2、醤油小2、顆粒だし小1、水300mℓを入れて混ぜ、ラップなしで5分チン。レモン½個（輪切り）をのせる。

POINT! 豚こまを使って切る手間を省略。レモンは国産のものがおすすめ。

やる気TIPS

レンジ加熱の際は、アルミやホーロー、漆器、木製などの器は使用不可なので注意。

No.415 肉じゃが風鍋

1人分

1 容器に豚こま肉80g、じゃがいも1個(皮をむいて一口大に切る)、玉ねぎ1/4個(薄切り)を入れ、ラップをして5分チン。

2 麺つゆ50mℓ、砂糖大1、水300mℓを加えて混ぜ、ラップなしで3分チン。

POINT! 先に具材を加熱してからスープと合わせて味を含ませる。好みで刻みねぎを。

No.416 豚しゃぶ豆乳鍋

1人分

容器に豚こま肉100g、豆腐1/2丁150g(一口大に切る)、麺つゆ大1、豆乳(調製)・水各150mℓを入れて混ぜ、ラップなしで6分チン。ラー油適量をかける。

POINT! 豆腐は絹ごしでも木綿でもOK。好みで刻みねぎをどうぞ。

No.417 簡単豚キムチチーズチゲ

1人分

1 容器に豚こま肉100g、塩小1/4、水300mℓを入れて混ぜ、ラップなしで3分チン。

2 豆腐1/2丁150g(6等分に切る)、もやし1/2袋100g、ニラ1/4束(5cm長さに切る)、キムチ100gを加えて混ぜ、ラップなしで3分チン。

3 ピザ用チーズ50gを加え、ラップなしで1分チン。ごま油小1を回しかけ、卵1個を割り入れる。

POINT! 時間差でレンチンすることでほどよい火の通り具合に。

No.418

シチュー寄せ鍋

1人分

容器に鶏もも肉100g(一口大に切る)、豚こま肉100g、白菜1～2枚(ざく切り)、シチュールウ2片、牛乳100mℓ、水200mℓを入れて混ぜ、ラップなしで10分チン。よく混ぜる。

POINT! 加熱後よく混ぜてルウをなじませて。ドライパセリをふっても。

No.419

鶏ねぎ塩スープ

1人分

1 容器に鶏もも肉½枚150g(小さめに切る)、鶏ガラの素小1、醤油小½、水300mℓを入れて混ぜ、ラップなしで6分チン。

2 長ねぎ10cm(1cm幅の斜め切り)を加え、再び1分チン。ごま油小1を回しかける。

POINT! 最後に黒こしょうをふれば、スパイシーさがアクセントに。

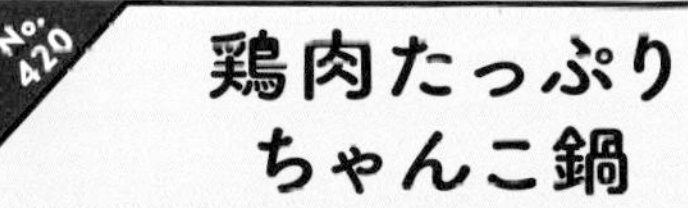

No.420

鶏肉たっぷりちゃんこ鍋

1人分

A 水300mℓ、鶏ガラの素・おろししょうが・おろしにんにく・顆粒だし各小1、塩小⅓

容器に鶏もも肉½枚150g(一口大に切る)、鶏団子(市販)2～4個、白菜1～2枚(ざく切り)、厚揚げ75g(一口大に切る)、Aを入れて混ぜ、ラップなしで7分チン。混ぜて再び3分チン。

POINT! うまみが出る市販の鶏団子と厚揚げを入れてボリュームアップ。

やる気TIPS

じゃがいもは水にさらすとくっつきにくくなり、シャキッとした仕上がりに。

No.421 レンジで水炊き

1人分

容器に鶏もも肉100g(一口大に切る)、白菜1～2枚(ざく切り)、豆腐½丁150g(一口大に切る)、白だし大1、顆粒だし小1、水300mℓを入れて混ぜ、ラップなしで8分チン。

POINT! 豆腐は絹ごしでも木綿でもOK。好みで刻みねぎをのせ、ごま油をかけても。

No.422 鶏スンドゥブ鍋

1人分

A 水300mℓ、コチュジャン・みりん・醤油・ごま油各小2、鶏ガラの素・おろしにんにく各小1

容器に鶏もも肉½枚150g(一口大に切る)、シーフードミックス(冷凍)50g、豆腐½丁150g(6等分に切る)、長ねぎ¼本(斜め切り)、Aを入れて混ぜ、ラップなしで7分チン。

POINT! 好みで刻みねぎや白ごまをのせて。一味唐辛子をふっても◎。

No.423 お手軽スープカレー

1人分

A 水300mℓ、ケチャップ大2、カレー粉大1、顆粒コンソメ小2

容器にじゃがいも2個(皮をむいて一口大に切る)、鶏もも肉½枚150g(一口大に切る)、カットトマト缶⅓個約150g、Aを入れて混ぜ、ラップなしで10分チン。

POINT! ケチャップとトマト缶のダブル使いで濃厚に。ドライパセリをふっても。

No.424 鶏肉の塩にんにく鍋

1人分

A | 水300mℓ、酒大1、鶏ガラの素小1、塩小⅓

容器に鶏もも肉½枚150g(一口大に切る)、キャベツ2〜3枚(ざく切り)、にんにく1片(薄切り)、Aを入れて混ぜ、ラップなしで7分チン。

POINT! にんにくはチューブではなく生のものを使うと風味がアップ。

No.425 シュクメルリ鍋

1人分

1. **容器に鶏もも肉½枚150g(一口大に切る)、じゃがいも1個(皮をむいて一口大に切る)、おろしにんにく小1½を入れて混ぜ、ラップをして5分チン。**
2. **顆粒コンソメ小2、牛乳300mℓを加えて混ぜ、ラップなしで2分チン。**
3. **小麦粉大1、ピザ用チーズ50gを加えて混ぜ、ラップなしで1分チン。バター20gをのせる。**

POINT! 小麦粉が混ざっていなかったら30秒ずつ追加でチン。好みでドライパセリを。

No.426 味噌バター鶏鍋

1人分

A | 水300mℓ、味噌大1、鶏ガラの素・砂糖各小1、醤油小½

1. **容器に鶏もも肉½枚150g(一口大に切る)、えのき½袋(根元を切り落として長さを3等分に切る)、おろししょうが小1を入れて混ぜ、ラップをして3分チン。**
2. **Aを加えて混ぜ、ラップなしで3分チン。バター15gをのせる。**

POINT! Aは混ぜて味噌を溶かしておくとスムーズ。好みで一味唐辛子を。

やる気TIPS
カットの白菜を買ってきたら、内側の葉から順に使っていくと長持ちします。

No.427 鶏とじゃがいものガリバタ鍋

1人分

A 水300mℓ、麺つゆ大3、おろしにんにく小1½、鶏ガラの素小1

1 **容器に鶏もも肉½枚150g(一口大に切る)、じゃがいも2個(皮をむいて一口大に切る)を入れ、ラップをして5分チン。**

2 **Aを加えて混ぜ、ラップなしで3分チン。バター20gをのせ、黒こしょう適量をふる。**

POINT! バターを溶かしながら食べて。

No.428 手羽先チキンスープ

1人分

A 水300mℓ、酒大1、鶏ガラの素小2、醤油・おろししょうが各小1

容器に手羽先3本(フォークで数か所刺す)、玉ねぎ¼個(薄切り)、Aを入れて混ぜ、ラップなしで8分チン。

POINT! 手羽先のうまみと玉ねぎの甘みがスープに溶け出て美味。

No.429 手羽元キムチ鍋

1人分

容器に手羽元4本(フォークで数か所刺す)、豆腐½丁150g(6等分に切る)、白菜1～2枚(ざく切り)、長ねぎ¼本(斜め切り)、ニラ¼束(5cm長さに切る)、キムチ150g、白だし小1、顆粒だし小½、水300mℓを入れて混ぜ、ラップなしで7分チン。

POINT! 豆腐は絹ごしでも木綿でもOK。野菜も好みのものでどうぞ。

No.430
和風サムゲタン

1人分

1 容器に手羽元4本(フォークで数か所刺す)、鶏ガラの素・白だし各小1、水300mℓを入れて混ぜ、ラップなしで5分チン。

2 長ねぎ¼本(斜め切り)、ご飯100gを加え、ラップをして2分チン。ごま油小1を回しかける。

POINT! 好みで白ごまをたっぷりふって。

No.431
鶏油スープ

1人分

A | 水300mℓ、白だし大1、酒小1、顆粒だし小½

容器に鶏皮2枚分(小さめに切る)、Aを入れて混ぜ、ラップなしで6分チン。

POINT! 取った鶏皮は捨てずにスープに活用。好みで白ごまや刻みねぎを散らして。

No.432
きのこつくね鍋

1人分

容器にえのき1袋(根元を切り落として長さを3等分に切る)、舞茸½袋50g(小さめにほぐす)、鶏団子(市販)100g、鶏ガラの素・おろししょうが各小1、塩小¼、水300mℓを入れて混ぜ、ラップなしで7分チン。

POINT! 鶏団子は市販のものを使えばラクチン。白ごまをふるのもおすすめ。

やる気TIPS
食材はストックしすぎにも注意。在庫を把握しきれず、放置してしまうことも。

No.433 ユッケジャンスープ

1人分

A 水300mℓ、焼き肉のたれ大2、豆板醤小2、酒・顆粒だし・おろしにんにく各小1

容器に牛薄切り肉100g(食べやすく切る)、もやし⅓袋65〜70g、玉ねぎ¼個(薄切り)、Aを入れて混ぜ、ラップなしで5分チン。

POINT! 野菜は火が通りやすいものをチョイス。好みで白ごまをふって。

No.434 とろとろ白菜の牛肉鍋

1人分

A 水300mℓ、麺つゆ大3、みりん大2、おろししょうが・おろしにんにく各小1

容器に牛薄切り肉100g、しめじ½袋(ほぐす)、長ねぎ¼本(斜め切り)、白菜1〜2枚(ざく切り)、Aを入れて混ぜ、ラップなしで6分チン。ごま油小1を回しかける。

POINT! 牛肉は大きければ一口大に切って。好みで刻みねぎを散らしても。

No.435 バターすき焼き

1人分

A 醤油・みりん・酒・麺つゆ・砂糖各大1

1. **容器に牛こま肉100g、豆腐⅓丁100g(一口大に切る)、しめじ⅓袋(ほぐす)、長ねぎ¼本(斜め切り)、Aを入れて混ぜ、ラップをして5分チン。**
2. **顆粒だし小1、水300mℓを加えて混ぜ、ラップなしで3分チン。バター10gを加えて溶かし、溶き卵1個分を添える。**

POINT! バターは余熱で混ぜ溶かす。食べるときは溶き卵をつけながらどうぞ。

肉団子が
ふわふわ!

No.436 肉団子ラー油スープ

1人分

1 豚ひき肉150gと鶏ガラの素小1を混ぜ、一口大に丸める。

2 容器に1、醤油・酒各小2、顆粒だし小1、水300mlを入れて混ぜ、ラップなしで7分チン。ラー油小1を回しかける。

POINT! 肉団子はきれいな丸じゃなくてもOK。仕上げに白ごまをふっても。

食材は1つだけ

No.437 ひき肉で簡単担々鍋

1人分

A｜水300ml、焼き肉のたれ大2、味噌小2、おろしにんにく・おろししょうが各小1

容器に豚ひき肉150g、Aを入れて混ぜ、ラップなしで6分チン。刻みねぎ・ラー油・白ごま各適量をかける。

POINT! Aは混ぜて味噌を溶かしてから加えると全体になじみやすい。

No.438 レンジでモツ鍋

お酒のアテにも!

1人分

A｜水300ml、鶏ガラの素・酒各大1、醤油小2、おろししょうが・おろしにんにく・ごま油各小1、　味唐辛子適量

1 容器に牛モツ150g、水500mlを入れ、ラップなしで8分チン。水気をきる。

2 1にニラ1/4束(5cm長さに切る)、キャベツ2〜3枚(ざく切り)、Aを加えて混ぜ、ラップなしで5分チン。

POINT! モツは臭みを取るために下レンチンを。好みで白ごまをふって。

やる気TIPS

甘辛くてフルーティな焼き肉のたれは、辛味違いなどもあるので好みのものを。

No. 439 餃子スープ

1人分

1 容器に冷凍餃子(市販)10〜12個、鶏ガラの素小2、水300mℓを入れて混ぜ、ラップなしで4分チン。

2 ポン酢小1を加え、ラップなしで1分チン。黒こしょう適量をふる。

POINT! 調味料はシンプルに2つだけ。刻みねぎを散らしても。

No. 440 焼売スープ

1人分

A 水300mℓ、酢小2、醤油・鶏ガラの素・おろししょうが各小1

容器に焼売(市販)12個、玉ねぎ¼個(薄切り)、Aを入れて混ぜ、ラップなしで5分チン。

POINT! 焼売を崩しながら食べてもおいしい。好みで白ごまをふって。

No. 441 ワンタン鍋

1人分

容器にワンタン(市販)12個、麺つゆ大3、鶏ガラの素小1、水300mℓを入れて混ぜ、ラップなしで5分チン。ごま油小1を回しかける。

POINT! 市販のワンタンでお手軽に。好みで刻みねぎや白ごまをふって。

No.442 卵中華スープ

1人分

1 容器に乾燥わかめ小1、鶏ガラの素小1½、麺つゆ小½、水300mℓを入れて混ぜ、ラップなしで5分チン。

2 溶き卵1個分を加え、ラップなしで1分チン。

POINT! 麺つゆをほんの少し入れるのがポイント。好みで刻みねぎをどうぞ。

No.443 トマたまスープ

1人分

1 容器にミニトマト3個(ヘタを取って半分に切る)、鶏ガラの素小1、塩ひとつまみ、水300mℓを入れ、ラップなしで3分チン。

2 溶き卵1個分、ごま油小1を加え、ラップなしで1分チン。

POINT! 溶き卵は全体に回しかけて。好みで刻みねぎをどうぞ。

No.444 卵と春雨スープ

1人分

1 容器に春雨30g、鶏ガラの素小1、水300mℓを入れて混ぜ、ラップなしで5分チン。

2 溶き卵1個分、ごま油小1を加え、ラップなしで1分チン。

POINT! 春雨は乾燥のまま加えてOK。好みで白ごまや刻みねぎを。

やる気TIPS

いつも焼いている食材をゆでてみるなど、調理法を変えると目先が変わります。

No.445 マカロニミネストローネ

1人分

A 水100mℓ、顆粒コンソメ・おろしにんにく・オリーブ油各小1

容器にマカロニ(4分ゆで)30g、厚切りベーコン30g(2cm幅に切る)、カットトマト缶1/2個200g、玉ねぎ1/4個(薄切り)、**A**を入れて混ぜ、ラップなしで4分チン。

POINT! ほんのりにんにく風味で食欲をそそる味に。好みでドライパセリを。

No.446 ウインナートマト鍋

1人分

1 容器にウインナー3本(斜め薄切り)、玉ねぎ1/4個(薄切り)、しめじ1/2袋(ほぐす)、カットトマト缶150g、顆粒コンソメ小1、水150mℓを入れて混ぜ、ラップなしで4分チン。

2 ピザ用チーズ50gをのせ、ラップなしで1分チン。黒こしょう適量をふる。

POINT! 加熱後はよく混ぜて。好みでドライパセリを散らしても。

No.447 洋風トマトチーズ鍋

1人分

1 ベーコン100g(短冊切り)、カットトマト缶1/2個200g、ケチャップ大1、顆粒コンソメ小1、水250mℓを入れて混ぜ、ラップなしで5分チン。

2 ピザ用チーズ50gをのせ、ラップをして1分チン。

POINT! 材料を入れたら混ぜてなじませてから加熱。ドライパセリをふっても。

朝食にぴったり

No.448 ウインナーオニオンスープ

1人分

容器に玉ねぎ1/3個(薄切り)、ウインナー2本(斜め切り)、**顆粒コンソメ小1**、**塩ひとつまみ**、**水300mℓ**を入れて混ぜ、ラップなしで5分チン。**黒こしょう適量**をふる。

POINT! ウインナーからもだしが出る。好みでドライパセリをふっても。

チーズで幸福度UP

No.449 チーズオニオンスープ

1人分

1 容器に玉ねぎ1/3個(薄切り)、厚切りベーコン50g(2cm幅に切る)、**顆粒コンソメ小1**、**塩ひとつまみ**、**水300mℓ**を入れて混ぜ、ラップなしで5分チン。

2 ピザ用チーズひとつかみをのせ、ラップなしで1分半チン。

POINT! 好みで黒こしょうやドライパセリをふるとgood。

包丁いらずで完成!

No.450 もやしとわかめの中華スープ

1人分

容器に**鶏ガラの素小1½**、**水300mℓ**を入れ、もやし1/3袋65〜70g、乾燥わかめ大1を加えて混ぜ、ラップなしで4分チン。**ごま油小1**を回しかける。

POINT! わかめは乾燥のまま加え、チンして戻す。好みで白ごまをふって。

やる気TIPS

ベーコンは、薄切りは使い勝手がよく、厚切りは食べごたえが◎。好みで選んで。

No.451 ミルクじゃがスープ

1人分

1 容器にじゃがいも2個(皮をむいて小さめに切る)、ウインナー3本(薄切り)、顆粒コンソメ小1、水150mℓを入れて混ぜ、ラップをして7分チン。

2 牛乳150mℓを加えて混ぜ、ラップなしで3分チン。黒こしょう適量をふる。

POINT! 牛乳は噴きこぼれやすいのであとから加えて。好みでドライパセリを。

バターで
コクをプラス

No.452 じゃがいもベーコンのミルクバタースープ

1人分

1 容器にじゃがいも1～2個(皮をむいて一口大に切る)と水大1を入れ、ラップをして5分チン。

2 厚切りベーコン50g(細切り)、水・牛乳各150mℓ、顆粒コンソメ小1、バター10gを加え、ラップなしで2分チン。

POINT! じゃがいもを先に加熱してホクホクに仕上げる。好みで黒こしょうやドライパセリを。

No.453 かぼちゃとベーコンのポタージュ

1人分

1 容器にかぼちゃ50g(1cmの角切り)、厚切りベーコン50g(1cmの角切り)を入れ、ラップをして5分チン。

2 牛乳300mℓ、味噌・顆粒コンソメ各小1を加えて混ぜ、ラップなしで3分チン。

具は火が通りやすいよう角切りに。ドライパセリをふっても。

No.454

キャベツとちくわの和風コンソメスープ

4分

和と洋の味が楽しめる

1人分

容器にキャベツ1～2枚(食べやすく切る)、ちくわ2本(斜め薄切り)、**顆粒コンソメ小2**、**醤油・顆粒だし各小½**、**水300mℓ**を入れて混ぜ、ラップなしで4分チン。

POINT! ちくわからもおいしいだしが出る。好みでドライパセリをふっても。

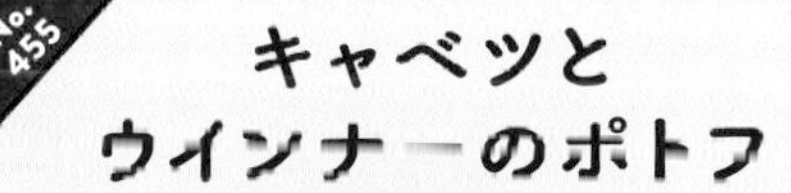

No.455

キャベツとウインナーのポトフ

5分30秒

調味料はコンソメのみ

1人分

1 容器にじゃがいも1個(皮をむいて小さめに切る)、ウインナー2本(斜め切り)、にんじん¼本(小さめの乱切り)、**水300mℓ**を入れ、ラップなしで4分チン。

2 キャベツ1～2枚(小さめに切る)、**顆粒コンソメ小2**を加え、ラップなしで1分半チン。**黒こしょう適量**をふる。

POINT! 具材は小さめに切ると短時間で柔らかくなる。好みでドライパセリを。

No.456

和風ポトフ

5分

白だしで味が決まる

1人分

容器に豆腐⅓丁100g(食べやすく切る)、長ねぎ¼本(斜め薄切り)、キャベツ1～2枚(ざく切り)、ウインナー2本(斜め切り)、**白だし大1**、**顆粒だし小1**、**水300mℓ**を入れて混ぜ、ラップなしで5分チン。

POINT! 豆腐の種類はお好みでどうぞ。好みでドライパセリをふっても。

やる気TIPS

さつまいもやかぼちゃなどの甘みのある野菜は、スイーツ作りにも活躍します。

うまみが
ギュッと凝縮

No.457 きのこたっぷり味噌汁

1人分

容器にえのき½袋(根元を切り落として長さを半分に切る)、しめじ½袋(ほぐす)、豆腐⅓丁100g(一口大に切る)、顆粒だし小1、水300mℓを入れて混ぜ、ラップなしで6分チン。味噌大1½を加え、混ぜ溶かす。

POINT! 味噌は風味がとばないよう加熱後に加えて。好みで刻みねぎを。

疲れたお腹に
うれしい

No.458 舞茸きのこスープ

1人分

容器に舞茸⅓袋30g(小さめにほぐす)、しめじ⅓袋(ほぐす)、顆粒コンソメ小2、水300mℓを入れて混ぜ、ラップなしで4分チン。

POINT! 2種のきのこを使うと食感も楽しい。ドライパセリをふっても。

ほどよい
酸味が美味!

No.459 レンジでサンラータン

1人分

A | 水300mℓ、鶏ガラの素小2、酒・醤油各小1、酢小½

容器にエリンギ1本(みじん切り)、長ねぎ⅓本(みじん切り)、もやし⅓袋65〜70g、Aを入れて混ぜ、ラップなしで7分チン。ごま油小1、ラー油適量を回しかける。

POINT! 冷蔵庫の余り野菜を入れてもOK。好みで一味唐辛子をふってもおいしい。

No.460 白菜とベーコンのしょうが鶏ガラスープ

1人分

容器に白菜1～2枚(一口大に切る)、ベーコン50g(短冊切り)、鶏ガラの素小2、おろししょうが小さじ1½、水300mlを入れて混ぜ、ラップなしで5分チン。

POINT! ベーコンのうまみは和風味にもマッチ。白ごまをふっても。

No.461 豆乳ラー油鍋

1人分

容器に厚切りベーコン100g(1cm幅に切る)、白菜1～2枚(ざく切り)、もやし½袋100g、麺つゆ大2、豆乳(調製)200ml、水100mlを入れて混ぜ、ラップなしで5分チン。ラー油適量を回しかける。

POINT! ラー油の量で辛味を調節して。

No.462 豆腐のねぎ塩スープ

1人分

1 容器に豆腐⅓丁100g(一口大に切る)、鶏ガラの素小2、塩ひとつまみ、水300mlを入れて混ぜ、ラップなしで4分チン。

2 ごま油適量を回しかけ、刻みねぎ適量を散らす。

POINT! 豆腐は絹ごしでも木綿でもOK。ねぎはたっぷりがおいしい。

やる気TIPS

木綿豆腐はしっかり食感で崩れにくく、絹ごし豆腐はなめらか。好みで選んで。

No.463 レンジで湯豆腐鍋

1人分

容器に豆腐½丁150g(6等分に切る)、ポン酢大4、顆粒だし小2、水300mℓを入れて混ぜ、ラップなしで4分チン。

POINT! 豆腐は絹ごしでも木綿でもOK。好みで刻みねぎを散らして。

No.464 味噌キムチスープ

1人分

1 容器に豆腐½丁150g(一口大に切る)、キムチ80g、白だし小1、水300mℓを入れて混ぜ、ラップなしで4分チン。

2 1に味噌大2を加えて混ぜ溶かし、ラップなしで2分チン。ごま油小½をかける。

POINT! 豆腐は絹ごしでも木綿でもOK。刻みねぎや白ごまをふっても。

No.465 鮭のキムチチゲ

1人分

A 水300mℓ、コチュジャン大1、味噌・砂糖各小2、おろしにんにく・鶏ガラの素各小1

容器に鮭1切れ150g(食べやすく切る)、豆腐½丁150g(6等分に切る)、キムチ150g、Aを入れて混ぜ、ラップなしで7分チン。ごま油大1を回しかける。

POINT! コチュジャンの量で辛味を調節して。刻みねぎをふっても。

PART 10

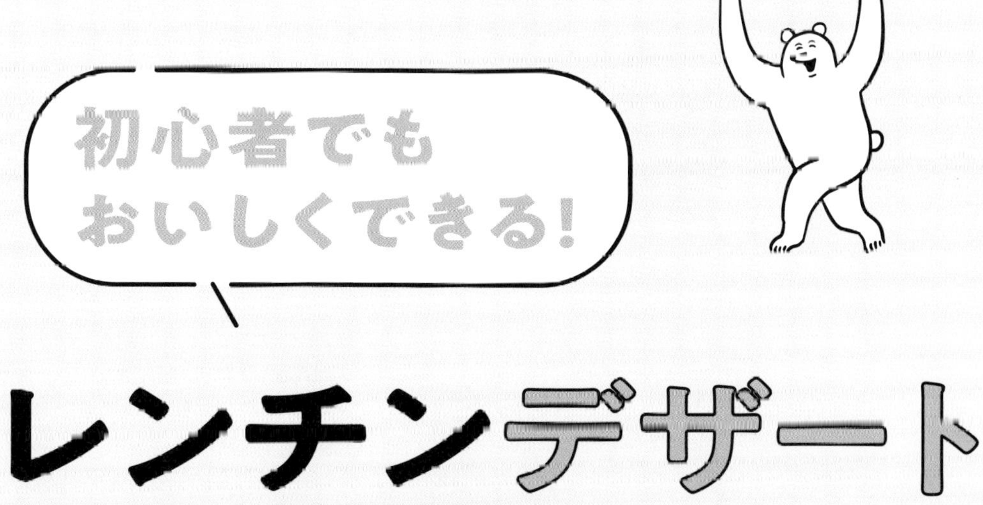

レンチンデザート

プリン、ゼリー、ケーキ、アイス、わらび餅……。
じつはレンジでいろいろな種類のデザートができちゃいます!
オーブン不要でハードルが低く、
お菓子作りがはじめてでも作りやすいレシピです。

No. 466

簡単お茶碗プリン

カラメル
いっぱいで幸せ♡

5分～

直径12cm、高さ6cmの茶碗1個分

1 耐熱の茶碗に砂糖大1、水小2を入れて混ぜ、ラップなしで1分半～2分チン(カラメル色になるまで30秒ずつ追加)。よく混ぜて粗熱を取る。

2 ボウルに卵1個、砂糖大2、牛乳120mℓを順に入れ、そのつどよく混ぜる。こし器を通して1に注ぎ、軽く台に打ちつけて空気を抜く。

3 耐熱皿などに湯適量を張り、2をおく。ラップをして表面が固まるまで3分半～4分半チン。粗熱を取って冷蔵庫で2時間ほど冷やす。

茶碗の大きさにより加熱時間は調整。好みでクリームや果物を添えて。

No. 467

マグカップ カフェオレプリン

スティック飲料で
手軽に!

2分30秒

直径9cm、高さ9cmのマグカップ1個分

1 ボウルに卵1個、砂糖小1、牛乳140mℓ、カフェオレスティック1本約9gを順に入れ、そのつどよく混ぜ、こし器を通して耐熱のマグカップに注ぐ。

2 軽く台に打ちつけて空気を抜き、ラップをして1分半チン。軽く混ぜて再び1分チンし、混ぜる。粗熱を取って冷蔵庫で冷やす。

マグカップを型の代わりに。好みでクリームなどを飾って。

No. 468

チョコプリン

簡単なのに
味はピカイチ

2分10秒～

1人分

1 耐熱ボウルに牛乳150mℓ、板チョコ(ミルク)1枚50g(細かく刻む)を入れ、ラップなしで1分半チン。混ぜて溶かし、溶き卵1個分、砂糖大1を加えて混ぜ合わせる。

2 1を容器に流し入れ、ラップなしで40秒チン。表面が少し固まるまで加熱をくり返し、粗熱を取る。冷蔵庫で2時間ほど冷やす。

POINT!

卵はチョコが完全に溶けてから加える。好みでクリームやハーブを。

No.469

簡単いちごヨーグルトのムース

ふんわり甘い!

2個分

1 ボウルにいちごヨーグルト(市販)50g、生クリーム100mℓ、砂糖大2を入れ、泡立て器でよく混ぜる。

2 容器に粉ゼラチン小½、水大1を入れて混ぜ、ラップなしで15秒チン。**1**に加えてよく混ぜ合わせる。

3 グラスなどに流し入れ、冷蔵庫で冷やし固める。

POINT! 好みでクリーム、フルーツソース、果物、ハーブなどをトッピングして。

No.470

果肉たっぷりフルーツゼリー

夏の定番にぜひ!

2個分

1 容器にりんごジュース200mℓ、砂糖小2、粉ゼラチン5gを入れて混ぜ、ラップなしで1分チンし、混ぜる。

2 **1**にフルーツミックス缶1個180gを加えて混ぜ、グラスなどに注ぎ、冷蔵庫で3時間ほど冷やし固める。

POINT! フルーツはいろいろな種類が入っている缶詰を使えば手軽。

No.471

パックで丸ごとオレンジゼリー

驚きの映え!

1ℓのオレンジジュース紙パック1本分

1 容器にオレンジジュース300mℓ、粉ゼラチン20g、砂糖大4を入れて混ぜ、ラップなしで3分チン。よく混ぜる。

2 ジュースが700mℓ入った紙パックに**1**を戻し入れ、よく混ぜる。冷蔵庫で5時間以上冷やす。

POINT! オレンジジュースは1ℓのうち300mℓを取り出し、ゼラチンと砂糖を混ぜる。残りはそのままパックに残しておく。

やる気TIPS

プリンなどの型がない場合は、耐熱のマグカップやお茶碗などで代用してもOK。

食後にさっぱり！

No.472 なんちゃって とろとろ杏仁豆腐

1人分

1 容器に牛乳200mℓ、粉ゼラチン小1を入れてよく混ぜ、ラップなしで1分チン。砂糖大2を加えてよく混ぜる。

2 牛乳200mℓ、アーモンドパウダー大3を加え、ラップなしで2分チン。よく混ぜて粗熱を取る。

3 容器に流し入れ、冷蔵庫で冷やし固める。

POINT! アーモンドパウダーは100均でも購入できる。好みでクコの実やハーブを添えて。

寒天入りで溶けにくい

No.473 ジュースで アイスキャンディー

3本分

1 容器に好みのジュース180mℓ、粉寒天小½を入れて混ぜ、ラップなしで3分チン（沸騰するまで）。よく混ぜ、砂糖大3を加えて混ぜる。

2 アイスキャンディー型に好みの果物適量（食べやすく切る）を入れて1を流し入れ、冷凍庫で冷やし固める。

POINT! 100均のアイスキャンディー型を使用。果物は冷凍や缶詰でもOK。

No.474
しっとりチーズケーキ

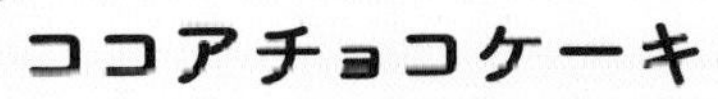

直径13cm、高さ6cmの容器1個分

1 耐熱ボウルにクリームチーズ200gを入れ、ラップなしで40秒チン。なめらかになるまで混ぜる。

2 砂糖大3、卵1個、はちみつ・レモン汁各小1を順に加えてそのつど混ぜ、薄力粉大1をふるい入れてよく混ぜる。

3 クッキングシートを敷いた容器に流し入れ、軽く台に打ちつけて空気を抜く。ラップなしで4分チン。粗熱を取って冷蔵庫で冷やす。

POINT! 食べやすく切り、好みでハーブを添えて。

No.475
ココアチョコケーキ

直径13cm、高さ6cmの容器1個分

1 容器に板チョコ(ミルク)1枚50g(砕く)、バター20gを入れ、ラップなしで1分チンし、混ぜ溶かす。卵1個を加え、よく混ぜ合わせる。

2 1にホットケーキミックス30gをふるい入れ、牛乳大2を加えてよく混ぜる。

3 クッキングシートを敷いた容器に流し入れ、軽く台に打ちつけて空気を抜く。ラップなしで3分チン。粗熱を取って冷蔵庫で冷やし、ココアパウダー適量をふる。

POINT! 好みでクリームやチョコ、ハーブを添えて。

No.476
レンジでスポンジケーキ

直径約12cm、高さ6cmの容器1個分

1 ボウルに卵1個、砂糖大3を入れ、泡立て器でもったりするまで泡立てる。

2 薄力粉大3を3回に分けてふるい入れ、ヘラでサクッと切るように混ぜ、溶かしバター10gを少しずつ加えて混ぜ合わせる。

3 容器に注ぎ、軽く台に打ちつけて空気を抜き、ラップをして150Wで7分チン。1～2分冷まして取り出す。

POINT! 生地は低温でじっくり加熱。クリームや好みの果物を飾ってどうぞ。

やる気TIPS
料理には時間を正確に計る場面が出てきます。キッチンタイマーがあると便利。

No.477 簡単ミルクレープ

1人分

1 クッキングシートに餃子の皮8枚を広げ、ラップなしで1分半チン。途中で様子を見て表面が乾いたら裏返す。

2 1にホイップクリーム(市販)適量を挟みながら、ミルフィーユ状に重ねる。

粉砂糖や果物などを好みでプラスして。

No.478 マグカップ バニラホットケーキ

直径9cm、高さ9cmのマグカップ2個分

1 容器にバニラアイス100gを入れ、ラップなしで1分チンして溶かす。卵1個、油小½、砂糖大1を加え、ホットケーキミックス100gをふるい入れて混ぜる。

2 1をマグカップの半分まで注ぎ、ラップなしで生地に火が通るまで1個につき2分～2分半チン。

好みでバターを添え、はちみつをかけてどうぞ。

No.479 クッキーで チーズタルト

3個分

A 卵1個、薄力粉大2、砂糖大1、レモン汁小1、生クリーム50mℓ

1 ボウルにクッキー60g(粉々に砕く)、溶かしバター40gを入れてよく混ぜ、紙のカップケーキ型に均等に詰め、冷蔵庫で冷やす。

2 容器にクリームチーズ60gを入れ、ラップをして50秒チン。なめらかになるまで混ぜる。

3 Aを加えて粉っぽさがなくなるまでよく混ぜ、ラップをして40秒チン。よく混ぜて再び40秒チン。1に流し入れる。カップケーキ型から取り出し、好みのトッピングをする。

No. 480

チョコオレオサンド

クッキーが
グレードアップ!

10個分

1 容器に板チョコ(ビター)2枚100g(砕く)、バニラアイス100g、バター10gを入れ、ラップなしで4分チン。よく混ぜる。

2 紙のカップケーキ型にオレオ1組、**1**、オレオ1組の順に入れ、計10個作る。冷蔵庫で1〜2時間冷やし、カップから取り出す。

カップの中で作ると崩れない。オレオはバニラクリームを使用。

No. 481

ビスケットでバターサンド

チーズとチョコで
濃厚!

3個分

1 ボウルにクリームチーズ20g、溶かしバター20gを入れ、泡立て器でよく混ぜる。

2 容器に板チョコ(ホワイト)20g(細かく砕く)を入れ、ラップなしで1分チンして混ぜ溶かす。**1**、砂糖小1を加えてよく混ぜる。

3 ビスケット2枚で**2**を挟み、計3個作る。冷蔵庫で冷やし固める。

好みでクリームにラムレーズンを加えても美味。

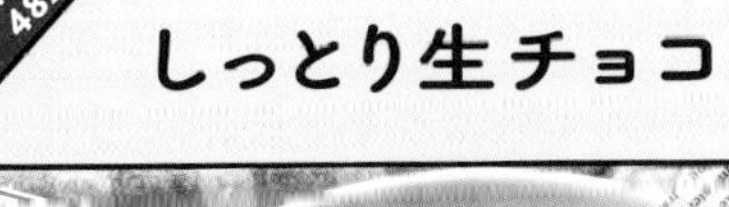

No. 482

しっとり生チョコ

口の中でとろける!

17cm×10cm×4cmの容器1個分

1 容器に板チョコ(ミルク)・板チョコ(ビター)各1枚50g(砕く)を入れ、ラップなしで1分チンして混ぜる。

2 牛乳50mℓ、砂糖小1を加えて軽く混ぜ、ラップなしで30秒チンして混ぜる。溶けるまで加熱をくり返し、粗熱を取る。

3 クッキングシートを敷いた容器に流し入れる。冷蔵庫で3時間ほど冷やし、食べやすく切り、ココアパウダー適量をふる。

2種の板チョコを混ぜることで奥行きのあるおいしさに。

やる気TIPS

スイーツは特に加熱具合に注意。様子を見ながら少しずつ加熱時間を増やして。

No.483 抹茶もちもちわらび餅

1分〜

上品な和の味!

1人分

1 容器に片栗粉大2、砂糖大3、湯90mℓを入れてよく混ぜ、ラップなしで30秒チンして手早く混ぜる。これを2〜3回くり返し、全体が透き通るまで練ったら、氷水にくぐらせて冷やす。

2 水気をきり、ラップの上にのせて成形し、包丁で一口大に切る。抹茶パウダー適量をかける。

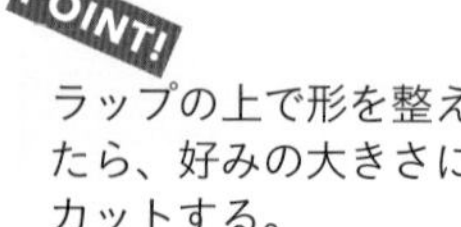

POINT!

ラップの上で形を整えたら、好みの大きさにカットする。

No.484 とろ〜りマシュマロきな粉餅

1分

ニコニコ新食感!

17cm×12cm×6cmの容器1個分

1 容器にマシュマロ100g、牛乳50mℓを入れ、ラップをして1分チンし、よく混ぜる。

2 クッキングシートを敷いた容器に注ぎ、冷蔵庫で冷やし固める。好みの大きさに切り、きな粉適量をまぶす。

POINT!

くっつかないように容器にはクッキングシートを敷いて。

No.485 フルーツ飴

2~3分

縁日のあの味!

作りやすい分量

1 好みのフルーツ(いちご、キウイ、パイナップルなど)適量(食べやすく切る)を楊枝に刺す。

2 深めの容器に砂糖大6、水大1を入れて混ぜ、ラップをして黄金色になるまで2〜3分チン。手早く1にからめ、固まるまでおく。

POINT!

飴が固まる前に果物に手早くからめて。からめたあとクッキングシートの上におくとくっつかない。

No.486 ハニバタさつまいも

1～2人分

1 さつまいも1本(皮ごと1cm角に切る)は水にさらし、水気をきる。容器に入れ、ラップをして3分チン。

2 水気をきり、バター20g、はちみつ大2を加えてからめ、ラップなしで2分チン。塩適量で味を調える。

さつまいもは水にさらしてアクを抜く。黒ごまをふってもおいしい。

No.487 簡単ポテトチップス

作りやすい分量

1 ボウルにじゃがいも1個(皮をむいてスライサーで薄切り)を入れ、水にさらし、水気をふく。

2 クッキングシートの上に並べて塩適量をまぶし、ラップなしで2分チン。返して再び1分チン。黒こしょう適量をふる。

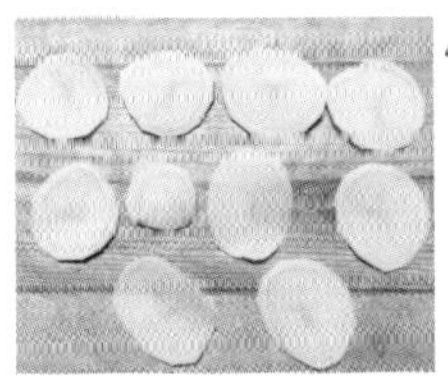

ラップなしで加熱して水分をとばす。コンソメや七味唐辛子、山椒などで味変しても。

No.488 パン耳ラスク

作りやすい分量

1 容器に食パンの耳3枚分(一口大にちぎる)を入れ、ラップなしで3分チン。

2 バター30gを加えて溶かしながら混ぜ、ラップなしで3分チン。砂糖大2をからめる。

パンの耳はちぎると食べやすく食感もいい。好みでドライパセリを。

やる気TIPS

パンの耳はスイーツに使ったり、クルトンのようにスープに入れたりしても。

香ばしい! トースターレシピ

No.489 ホクホクじゃが明太トースト

1人分

1 容器にじゃがいも1個(皮をむいて小さめに切る)と水大1を入れ、ラップをして7分チン。

2 食パン(6枚切り)1枚に明太子20g(薄皮を取ってほぐす)を塗って1をのせ、マヨ・黒こしょう各適量をかける。トースターで3～4分焼く。

じゃがいもは先にレンチンして中まで火を通しておく。好みでドライパセリをふる。

No.490 ベーコンピザツナトースト

1人分

1 ケチャップ大1、オリーブ油・ソース各小1を混ぜ、食パン(6枚切り)1枚に塗る。

2 1にピザ用チーズ適量、ベーコン2枚(細切り)、ツナ缶1個70g(油をきる)をのせ、マヨ適量をかけてトースターで3～4分焼く。

ツナは油をしっかりきって。好みでドライパセリをふっても。

朝ごはんにぴったり!

No.491 鮭と舞茸のホイル焼き

1人分

1 アルミ箔に鮭1切れ150g(小さめに切る)、舞茸½袋50g(一口大にほぐす)、玉ねぎ¼個(薄切り)をのせ、塩・こしょう各適量、酒小2をふってバター10gをのせ、アルミ箔を閉じる。

2 1をトースターで15～20分焼き、ポン酢大1をかける。

トースターでじっくり火を通して蒸し焼きにする。刻みねぎをかけても◎。

火を使わずにこんがり感を出したい！というときは、トースターが便利です。
厚みのある肉や野菜は、電子レンジと合わせ技で使っても◎。

No.492 レトルトカレーでベーコン焼きカレー

1人分

1 容器にご飯1膳を盛り、袋の表示通りに加熱したレトルトカレー（市販）1袋180gをかける。

2 1の中央にくぼみを作って卵1個を割り入れ、ピザ用チーズ適量、ベーコン2～3枚（細切り）をのせ、トースターで卵が半熟状になるまで5分ほど焼く。

レトルトカレーはレンジなどで温めておく。ドライパセリをふっても。

No.493 ウインナーチーズタッカルビ

1人分

A｜焼き肉のたれ大1½、コチュジャン小2、おろしにんにく・ごま油各小1

1 容器にウインナー5本（斜め切り）、キャベツ2～3枚（ざく切り）、玉ねぎ¼個（薄切り）を入れ、ラップをして5分チンし、水気をきる。

2 1にキムチ50gとAを加えてからめ、ピザ用チーズ適量を散らし、トースターでチーズがこんがりするまで5分ほど焼く。

具材は先にレンチンで火を通しておく。黒こしょうや刻みねぎをふるのもおすすめ。

No.494 トースターで照り焼きローストチキン

1人分

1 鶏もも肉1枚250g（フォークで数か所刺す）に鶏ガラの素・醤油・砂糖・酒各小1をよくもみ込み、1時間おく。容器に入れ、ラップをして6分チン。

2 天板にアルミ箔を敷いて1をのせ、トースターで焼き色がつくまで3～4分焼く。食べやすく切る。

時間をおいて味をじっくりしみ込ませる。レンジで火を通してからトースターで表面をカリッと焼く。

香ばしい！トースターレシピ

No.495 トースターで簡単フライドポテト

揚げずにこんがり!

1〜2人分

1. じゃがいも3個（皮をむいてくし形切り）を水に10分ほどさらして水気をきる。
2. ボウルに1、オリーブ油大1、おろしにんにく小1を入れてからめる。
3. 天板にアルミ箔を敷いて2を並べ、トースターで10分焼く。上下を返し、様子を見ながらさらに5分焼く。
4. ボウルに移し、顆粒コンソメ小2、黒こしょう・ドライパセリ各適量を加えてからめる。

No.496 ホクホクピーマンのじゃが詰め

1人分

1. 容器にじゃがいも2個（皮をむいて小さめに切る）と水大1を入れ、ラップをして8分チン。つぶして顆粒コンソメ小½を加えて混ぜる。
2. ピーマン2個（縦半分に切って種を除く）に1を詰め、ピザ用チーズ適量をのせてマヨ適量をかけ、トースターでチーズがこんがりするまで5分ほど焼く。

好みで一味唐辛子をふっても◎。

No.497 厚揚げの味噌マヨネーズ焼き

1人分

1. ツナ缶1個70g（油をきる）、長ねぎ¼本（斜め薄切り）、マヨ大1、味噌小1を混ぜる。
2. 容器に厚揚げ150g（1cm厚さに切る）を入れ、1をかける。ピザ用チーズひとつかみをのせ、トースターで3分ほど焼く。

長ねぎは火が通るように薄切りに。好みで一味唐辛子をふるとgood。

No.498 アヒージョ風ガーリックエリンギ

にんにく風味がたまらない!

1人分

1 エリンギ2本(縦に薄切り)にオリーブ油小2、おろしにんにく小1、塩ひとつまみをもみ込む。

2 天板にアルミ箔を敷いて1を並べ、トースターで焼き色がつくまで7分焼く。黒こしょう適量をふる。

エリンギは薄くスライスしてカリッと仕上げる。好みでドライパセリを。

No.499 なすの麺つゆマヨ焼き

1人分

1 容器になす1本(1cm幅に切る)を並べ、麺つゆ大1、マヨ適量をかけ、トースターで5分焼く。

2 なすを返し、ピザ用チーズ適量をのせて再び5分焼く。かつお節・刻みねぎ各適量をかける。

なすをひっくり返してからチーズをたっぷり全体に散らして。

No.500 マヨネーズちくわ

1～2人分

1 ちくわ4本(縦半分に切り、長さを半分に切る)の内側の溝にマヨ大4を等分に塗り、ピザ用チーズ30gを均等にのせる。

2 黒こしょう・一味唐辛子各適量をふり、トースターで焼き色がつくまで3分ほど焼く。

マヨはボトルから直接絞り出すと溝に塗りやすい。

ハマごはん

「スーパーの食材が絶品ごはんに早変わり」する料理をSNSに投稿する料理家。SNSの総フォロワー数は210万人(2024年3月現在)。ひとり分から作りやすい、主食から副菜まで網羅したレシピが幅広い層に支持されている。著書に『ひとり分 やる気1%ごはん 美味しいおかずがちゃちゃっと作れるしあわせレシピ500』(KADOKAWA)。

X & Instagram & TikTok
@hamagohan_r

YouTube
ハマごはん【お手軽レシピ】

ひとり分(ぶん) やる気(き)1%(いっぱーせんと)レンジごはん

主菜(しゅさい)・副菜(ふくさい)・デザートまで神速(しんそく)レシピ500

2024年4月23日　初版発行
2024年9月5日　5版発行

著者　ハマごはん
発行者　山下 直久
発行　株式会社KADOKAWA
〒102-8177　東京都千代田区富士見2-13-3
電話0570-002-301(ナビダイヤル)
印刷所　TOPPANクロレ株式会社
製本所　TOPPANクロレ株式会社

本書の無断複製(コピー、スキャン、デジタル化等)並びに
無断複製物の譲渡および配信は、著作権法上での例外を除き禁じられています。
また、本書を代行業者等の第三者に依頼して複製する行為は、
たとえ個人や家庭内での利用であっても一切認められておりません。

●お問い合わせ
https://www.kadokawa.co.jp/(「お問い合わせ」へお進みください)
※内容によっては、お答えできない場合があります。
※サポートは日本国内のみとさせていただきます。
※Japanese text only

定価はカバーに表示してあります。
©Hamagohan 2024 Printed in Japan
ISBN978-4-04-683575-8　C0077